U0948284

1977 年，在北美足球联赛季后赛上。

乔治·蒂德曼／盖蒂图片社

约什·迪亚斯·赫雷拉

在桑托斯俱乐部早期。

Popperfoto/盖蒂图片社

看着足球的终极荣誉：雷米特杯。大约是在 1958 年。

凯斯通－法郎斯／盖帝图片社

1958 年世界杯决赛上与瑞典国王古斯塔夫五世握手。

约什·迪亚斯·赫雷拉

踢足球给了我见识世界的机会。

1970 年，墨西哥城，在击败意大利夺得冠军之后的庆祝。甜蜜的时刻。

Popperfoto/ 盖蒂图片社

哈顿档案 / 盖蒂图片社

1965 年与罗伯特 · 肯尼迪会面。他的妹妹尤尼斯 · 肯尼迪 · 施莱佛创办了特奥会，我很自豪能跟她一起推广这项赛事。

美联社

1968 年英国女王伊丽莎白二世与丈夫菲利普亲王到南美进行国事访问，在里约热内卢的一场比赛之后，他们接见了我。

美联社

1971 年访问法国巴黎。我们在那里与桑托斯俱乐部举办了一场表演赛，以赞助癌症研究。

约什·迪亚斯·赫雷拉

在欧洲观光。

美联社 / 亨利 · 巴勒斯

1973 年，受美国总统理查德 · 尼克松邀请拜访白宫。

凯斯通 – 法郎斯 / 盖蒂图片社

1974 年，跟美国总统杰拉尔德 · 福特在一起。

美联社 / 雷·霍华德

到达美国之后，我发现了另一种“足球”。纽约喷气机队的乔·纳玛什问我是否想过在全美橄榄球联盟里射门得分，我的回答是：“戴着头盔的话，我是射不进球的。”

美联社 / 彼得·布拉格

1977 年，跟美国总统吉米·卡特在一起。

纽约宇宙队

1977 年，为纽约宇宙队效力。

乔治·蒂德曼 / 盖蒂图片社

为纽约宇宙队效力给了我一个机会，可以在美国推广足球这项美丽的运动。

1977 年，我职业生涯的最后一场比赛，对阵双方是纽约宇宙队和巴西桑托斯俱乐部。我高喊“爱！爱！爱！”，还呼吁全世界的每个人都多关注下一代。

埃里克·思奎卡特 / 盖蒂图片社

我的朋友、知己胡里奥·马泽伊在劝说我到美国踢球这件事上起到了关键作用。

美联社 / 赛斯·鲁本斯坦

1977年10月1日巨人体育场，在我职业生涯最后一场比赛之前，我的朋友拳王阿里跟我在一起。上半场我代表纽约宇宙队踢球，下半场我代表桑托斯俱乐部踢球，最终宇宙队以2 ：1获胜。

美联社

德尔克·霍斯特尔德 / 盖蒂图片社

1982 年白宫。我跟美国总统罗纳德·里根在一起。我正在向一群儿童球员演示如何控球。

美联社 / 塔拉·法雷尔

1994 年世界杯期间，跟美国副总统阿尔·戈尔在一起。

美联社 / 鲁斯·弗莱姆森

1997 年美国总统克林顿访问里约热内卢，其间到曼盖拉小镇上的一所学校参观。学校里的老师们教导贫困学生塑造强健的体魄和坚强的意志。

美联社 / 罗伯托·思达科特

2011 年，里约热内卢。2014 年世界杯预选赛期间，与巴西总统迪尔玛·罗塞夫、国际足联主席塞普·布拉特在一起。

美联社 /J. 斯科特·爱普怀特

在里约热内卢跟美国总统克林顿一起踢球。

约翰·思迪威尔 / 美联社 / 盖蒂图片社

2012 年伦敦奥运会闭幕式上，跟老朋友亨利·基辛格在一起。

日本《读卖新闻》/ 美联社

2011 年访问日本，向当年在地震和海啸中遇难的人献花。

迪珀苏皮尔 / 盖蒂图片社

2013 年在纽约宇宙队传奇庆典中，接受 HELP USA 的颁奖。

美联社 / 麦克斯·纳什

2012 年，伦敦唐宁街 10 号门前。跟英国首相大卫·卡梅隆等人在一起。

2012 年，加蓬。非洲国家杯期间跟当地的小孩子一起踢球。

贝利

足球之美

〔巴西〕贝利　布莱恩·温特 / 著
吴果锦 / 译

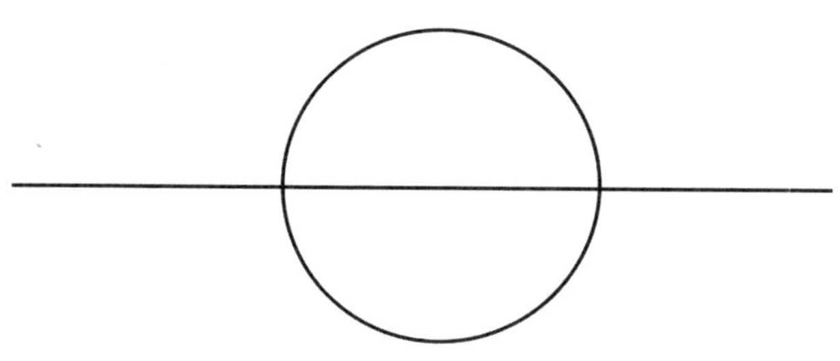

P E L É

北京联合出版公司
Beijing United Publishing Co.,Ltd.

图书在版编目（CIP）数据

贝利：足球之美 /（巴西）贝利，（巴西）温特著；
吴果锦译．—北京：北京联合出版公司，2014.6
ISBN 978-7-5502-2992-1

Ⅰ．①贝… Ⅱ．①贝… ②温… ③吴… Ⅲ．①贝利—
自传 Ⅳ．①K837.775.47

中国版本图书馆CIP数据核字（2014）第088734号

北京市版权局著作权合同登记号 图字：01-2014-2785号

贝利：足球之美
作　　者：〔巴西〕贝利 布莱恩・温特
译　　者：吴果锦
出 品 人：唐学雷
责任编辑：刘　凯

北京联合出版公司出版
（北京市西城区德外大街83号楼9层　100088）
三河市祥达印刷包装有限公司印刷　　新华书店经销
字数 200千字　　700毫米×990毫米　1/16　　印张：21
2014年6月第1版　　2014年6月第1次印刷

ISBN 978-7-5502-2992-1
定价：49.80元

足球改变的不仅是我，还有世界。

谨以此书献给我亲爱的母亲塞莱斯特。

——贝利

前言

闭上眼睛，我仍能记起我的第一个足球的样子。

其实，那个足球只是绑在一起的一团袜子。我跟朋友们从街坊四邻的晾衣架上“借”来这些袜子做成“足球”，一踢就是好几个小时——在街上奔跑、争抢、高叫、大笑，直到太阳下山。大家一定能想象得到，有的邻居不喜欢我们。但我们太喜欢足球了，又太穷了，什么都买不起。最后，那些袜子还是会回到各自的主人那里，只不过比早先脏了一点儿。

后来，我的“足球”还有如下变体：葡萄柚、绑在一起的旧抹布，甚至一包垃圾。直到 10 多岁时，我们才有了真正的足球。1958 年我 17 岁，第一次参加世界杯，那时比赛用的是简朴的缝制皮球，现在看来，那也都是些过时的东西了。足球运动的改变太多了。1958 年，巴西人得等上 1 个月的时间才能在电影院里看到巴西和主办国瑞典的总决赛新闻纪录片。而 2010 年于南非举办的世界杯，有 32 亿人——地球上一半的人口——通过电视或网络直播收看了西班牙与荷兰的决赛。与之对应，现在的比赛用球已经使用色彩斑斓、精良的合成材料制作，还用风洞对其进行测试，以保证旋转的轨迹。在我看来，现在的足球更像是外星人的太空飞船，而不是用脚踢的东西。

看着球场上这些天翻地覆的变化，我对自己说：唉，我老了。而更令我惊讶的是在过去 70 年时间里整个世界的变化（大多数是好的变化）。那么，一个在巴西乡间踢着袜子和垃圾长大的黑人穷孩子，是怎样走入这个亿万人关注的全球盛事的中心地带的?

在本书中，大家能够读到促成此事的各种机缘巧合，我还将向大家阐述，在我这一生中，足球是如何帮助世界变得更好——将不同的群体融合起来，给像我这样出身于弱势群体的孩子人生的目标和自豪。本书并非传统意义上的自传或回忆录，因为书中的内容并非我人生的全部经历。我要讲述的是自己作为一个人、一个球员的成长，以及在此期间足球及世界的变化。我将重点放在 5 次世界杯上，起点是 1950

年巴西举办的世界杯，那时我还只是个小孩；终点是 2014 年巴西再次举办世界杯。而这些世界杯比赛，也恰恰都是我人生的里程碑。

在回忆过去时，我总是对自己的幸运心怀谦卑和感激。我感谢上苍，感谢我的家人，谢谢他们对我的支持；我感谢那些一路上费心帮助过我的人；我还感谢足球这个最有魅力的运动，它将一个名叫“埃德森”的小男孩变成了“贝利”。

埃德森·阿兰特斯·多·纳西门托

“贝利”

巴西桑托斯

2013 年 9 月

Contents

目录

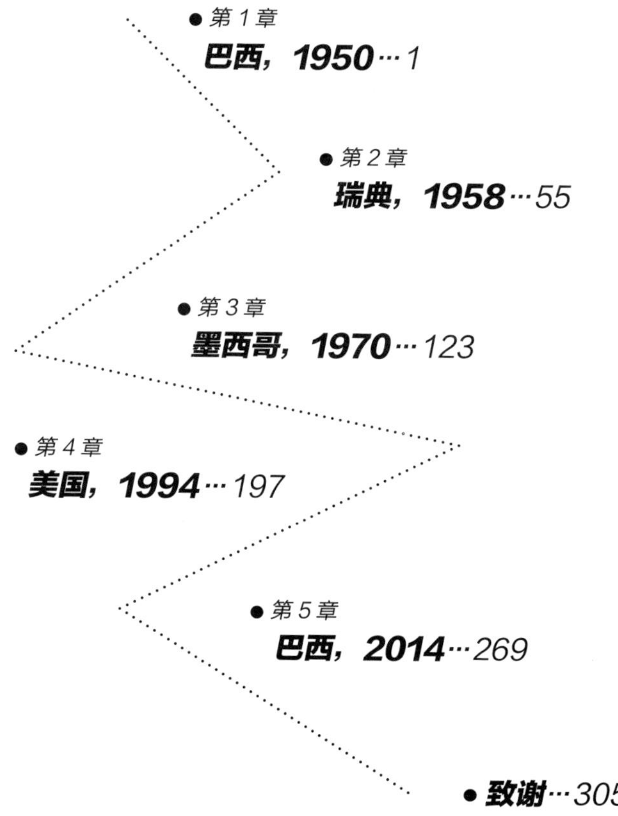

第1章 巴西，1950

1

“球进了！”

我们笑着。我们大叫着。我们欢呼、雀跃。我们全家人都聚在自家的小房子里收听着比赛实况，就跟巴西全国的其他人家一样。

300 英里外的里约热内卢[1]，在热情喧嚣的家乡人民面前，强大的巴西正在世界杯决赛中对阵弱小的乌拉圭。下半场开始后 2 分钟，巴西前锋弗里亚卡摆脱一名防守队员，送出一记锐利的低平球，越过守门员，打进了球网。

巴西 1，乌拉圭 0。

这进球真漂亮——即便我们无法目睹，也是如此。我们这个小城镇上没有电视机，其实，巴西的第一个电视台就是在 1950 年世界杯时才建立的，但是只有在里约才能收看。

---

1 里约热内卢，简称里约，位于巴西东南部，1960 年以前为巴西首都。现在是巴西第二大城市，又被称为巴西的第二首都，著名的国际大都市。

所以，对我们而言，对大多数巴西人而言，就只能通过电台收听比赛了。我们家有一台大收音机，四方形的机身，圆形旋钮，还有V形的天线，就放在客厅的角落里。而现在我们正在它的旁边，疯狂地跳着、欢呼着、高叫着。

那时我9岁。但现在我仍记着那种感觉：欢快、自豪，我最爱的两个事物——足球和巴西——正与胜利结合在一起，这是全世界最美好的事了。我记得当时母亲舒适的微笑，还有父亲，我的偶像，那几年他一直因自己的足球梦破灭而忧虑不安，也突然焕发了青春，他拥抱着来家里听球赛的朋友，欢喜若狂。

这种快乐，持续了19分钟。

当时的我，跟数百万巴西人一样，尚未学到人生的教训——在人生中，跟在球赛中一样，终场哨声响起之前，没有什么事是肯定的。

啊，当时的我们又怎么可能知道这个道理呢？我们都是年轻人，在一个年轻的国家，热爱着一个“年轻”的体育项目。

我们的旅程才刚刚开始。

2

1950 年 7 月 16 日，每个巴西人都记得这一天，它就像亲人离世一样永远铭刻在我们心头。而在此之前，很难想象有东西能将这个国家聚拢在一起。

当时的巴西国民因各种因素而难以凝聚，巨大的国土面积即是其一。我们这个小城镇——巴鲁[1]，位于圣保罗州的高原上，似乎与魅力非凡的海滨首都、本届世界杯决赛地点的里约有着天壤之别。里约意味着桑巴舞、热带气候和比基尼女郎——这是大多数外国人对巴西的印象。而巴鲁，在比赛那天冷得吓人，母亲只好把厨房的炉子点着了——这是件很奢侈的事，但母亲觉得这样能提升客厅里的温度，不至于让前来听球赛的客人们冻死。

如果身在巴鲁都感觉距离里约是如此偏远，那么那些在

1 Baurú，巴西东南部圣保罗州城市。在巴塔利亚河附近，东南距圣保罗 290 公里，1887 年成为城市。

亚马孙平原、广阔的潘塔纳尔湿地或东北部干旱的岩石地区的人们什么感觉就不难想象了。巴西的国土面积比美国本土要大一些，而在当时，人们感觉巴西要大得多。当时极其富有的人才买得起汽车，而全巴西都几乎找不到可供汽车行驶的铺面道路。到家乡外面看一看——这只是一个只有少数幸运儿可能实现的梦想。我 15 岁才看到大海，更不用说见到身穿比基尼的女郎了。

事实上，地理因素只是造成巴西国民难以凝聚的因素之一。巴西，在某些方面来看是一个富饶的国度，黄金、石油、咖啡……资源丰富，而这个国家似乎同时具有两副面孔。里约的富翁和政客们住着巴黎风格的大厦，玩的是赛马，享受的是海滨度假。但在 1950 年巴西首次承办世界杯时，有一半的巴西人都吃不饱肚子，只有三分之一的人识字。我跟弟弟妹妹就属于那些赤着脚走路的那一半巴西人。这种不公平源自我们的政治、文化和历史，而到我为止，我们家脱离奴隶身份才刚刚三代人。

多年之后，在我退役之后，我见到了伟大的纳尔逊·曼德拉 [1]，在所有我获准会面的人当中——教皇、总统、国王、好莱坞影星等等，他给我的印象最为深刻。曼德拉对我说："贝利，在南非，我们有太多人种，有太多语言。而在巴西，你们的资源那么富饶，还只说一种语言，葡萄牙语。为什么

1 Nelson Mandela（1918—2013），1994—1999 年担任南非总统，被尊称为南非国父，著名反种族隔离人士，1993 年获得诺贝尔和平奖。

你的国家还是不富强？你们国家为什么不团结？”

当时我无法回答他的问题，现在也找不到确切的答案。但在我这一生中，在这 73 年时间里，我目睹到了进步。我知道我们会不断进步，因为我看到了它的开始。

是的，人们可以咒骂 1950 年 7 月 16 日这一天，只要他们喜欢。我能理解，因为我也这样做过。但在我记忆中，这是巴西人的心第一次凝聚在了一起。那一天，整个国家的人都围聚在收音机旁，一起欢呼，一起痛苦……第一次，整个国家心气相投。

那一天，我们开始发现足球的真正影响力。

3

我关于足球的最早的记忆，其实是街头临时拼凑的踢球游戏：低矮的砖房、坑坑洼洼的泥土路，进球，欢呼，在冷冷的空气里大口喘气。我们一踢就是几个小时，直到踢得脚疼，太阳下山，母亲叫我们回家。没有高档的球具，没有昂贵的球衣，只有一个球——或像球的某样东西。而这都无法掩盖这一运动的魅力。

我对足球的一切知识，最早来自我的父亲——若昂·拉莫斯·多·纳西门托。跟几乎每个巴西人一样，人们都记不住他的本名，而都叫他的绰号“唐丁霍”。

父亲出生于巴西的米纳斯吉拉斯州一个小镇，小镇的葡萄牙语本意为“大矿区”，因为在殖民时期这里曾发现了大量金矿。父亲与母亲塞莱斯特相识时，他仍在服兵役；母亲那时还在上学。他们结婚时母亲 15 岁，16 岁时就怀上了我。他们给我取名叫“埃德森”，为的是纪念托马斯·爱迪生，因为在我出生的1940年，电灯刚刚出现在我们的小镇上。父母对其深为震撼，就决定以他的名字给我取名，以此来向他表示敬意。结果却是，他们漏掉了名字中的一个字母；但我还是很喜欢这个名字的。[1]

父亲认真对待服兵役这件事，但他真正热爱的是足球。他身高约1.83米，身材比一般巴西人都要强壮，在他那个年代尤其如此，并且，他的球技非常好。他高高跃起，头球得分的能力很强，曾经在一场比赛中攻入5个头球。到现在为止，这仍是一项全国纪录。多年之后人们会夸张地说——贝利在巴西唯一没有打破的纪录就是他父亲保持的！

这不是巧合。我相信，父亲本能成为巴西足球史上的伟人之一，但他没有得到证明自己的机会。

我出生的时候，父亲正在米纳斯吉拉斯州一个名叫“Três Corações”（特雷斯科拉松伊斯）——意为“三颗心脏”的小镇参加半职业联赛。说实话，他们的境况很不好，因为只有少数几个精英俱乐部的薪水还算不错，其他大部分俱乐部都穷得叮当响。所以，足球运动员总背着一种耻辱，就像舞蹈家、艺术家等职业——其从业者追逐的是热情，而非金钱回报。我们家在不同的城镇间漂泊，父亲在哪里踢球，我们就搬到哪里。曾经有一年的时间，我们全家住在一个旅馆里——那种与豪华毫不沾边的旅馆，后来我们常常将其当成

1　爱迪生的英语为Edison，而贝利父母给他取的名字是Edson，少了一个字母i。

笑料，说那是个供球员和差旅商人、流浪汉落脚的零星级酒店。

1942 年，就在我 2 岁生日之前，似乎所有的付出终于有了回报。父亲迎来了事业的转机，他被米内罗竞技俱乐部——米纳斯吉拉斯州最大、最有钱的俱乐部招入麾下。父亲终于找到了一份既能踢球又能养活我们全家的工作，甚至能使家庭迈入小康的行列。那时父亲 25 岁，他的辉煌前程才刚刚开始。但是，就在他的首场比赛中——对阵的是里约的圣克里斯托旺俱乐部，当父亲全速与对方一位名叫奥古斯托的后卫撞在一起时，灾难发生了。

奥古斯托没什么大碍，他康复之后继续踢球。但父亲那时正处在巅峰时期，却灾难性地伤了膝盖——韧带，或许是半月板。我说“或许”，是因为当时没有核磁共振对其进行细致检查；事实上，当时的巴西，连运动医学都没有。我们不知道他伤在哪里，也不知道该如何治疗。我们只知道在伤处敷上冰袋，抬高它，听天由命。不消说，父亲的膝伤再也没有痊愈。

因为无法再度出场比赛，父亲很快就被俱乐部解雇，回到了特雷斯科拉松伊斯的家里。父亲从此就靠打短工挣钱，家里的生计常常难以为继。

即便是在境况最好的时候，家里的生活也很艰难，现在父亲回到了家里，养着膝盖，希望它能痊愈，从而能够再次返回米内罗竞技或者其他赚钱的俱乐部里踢球。我理解他这样做的原因，他认为这是能给家人像样的生活的最佳途径。但是，因为他不再踢球，家里就几乎没有了收入，而在上世纪 40 年代的巴西，又没有任何社会保障体系。更严峻的是，家里又多了两张吃饭的嘴——我的弟弟雅伊尔、妹妹玛利亚·露西亚又出生了。另外，祖母安博罗西娜、舅舅豪尔赫也搬来与我们同住。

我们兄妹几个都穿着二手衣服，有时候甚至是穿用装麦子的麻袋改成的衣服，也没有钱买鞋。有时候，家里仅有的食物就是面包加上一片香蕉，有时则是舅舅从工作的杂货店里带回家的大米和豆子。而与很多巴西人相比，我们已经算是幸运的了，因为我们从未挨饿。并且，家里的房子还算宽敞，全家人并未住在贫民窟（用巴西话说，是 favela）里。但是房子的屋顶漏水，一下雨就满地是水。全家人始终是在提心吊胆地过日子，因为大家——包括两个小孩子在内——都不知道下一顿饭从何而来。任何经历过这种贫困的人都有这种体会，这是一种忐忑、一种恐惧，一旦进到你的骨头里，就永远摆脱不掉。说实话，时至今日，我有时候还有这种感觉。

搬到巴鲁之后，家里的境况稍稍有了好转。父亲在卡萨卢西塔尼亚商店找到一份工作，其老板正是巴鲁竞技俱乐部——BAC——的老板，而 BAC 是巴鲁两支半职业球队之一。周一到周五，父亲就在商店里干着跑腿打杂的活，煮咖啡、送咖啡、寄信等等。到了周末，他就是 BAC 的明星中锋。

在球场上，父亲展现出了曾经一度让他接近成功的足球才华。他攻入了很多进球，1946 年他带领 BAC 得到了圣保罗州的半职业联赛冠军。他还有种非凡的魅力，即便经历了足球生涯的厄运，他仍保持优雅和勇气。巴鲁的每个人都认识他，喜欢他，而我也总被人认出是“唐丁霍的儿子”——这个称谓我从过去到现在都心感自豪。但家里的日子还是很难，我甚至曾经想过——如果不能为家里的饭桌上带来食物，名气管个什么用。

我曾经想过，为什么父亲不去学另一门技能，从事另一种职业。但是足球就是这么慷慨，又这么残酷。中了足球的魔咒，就永远没有脱身的时候。当父亲发现自己的梦想已近破灭，他就将自己的身心和梦想都放在了另一个人身上。

4

“啊，你觉得自己踢得很好了，嗯？”

我低头盯着双脚，笑着。

“踢这里。”他说着，指着家里墙上的一个点。

如果我踢出的球击中了目标，他就会咧嘴一笑，接着又沉下脸来。

“很好！换另一只脚！”

砰！

“用头顶！”

砰！

就这样，一连好几个小时的练习，有时直到夜晚，就我们两个人，我和他。这些都是足球的基本功：盘带，射门，传球。绝大多数的时候，我们都没有机会到镇上的球场里练习，就找块空地练起来：家里的小院子、外面的街道（即鲁宾斯·阿鲁达大街）都是我们练球的场地。有时候他给我讲自己比赛的经历，有时候则是给我演示学来的或自创的动作。偶尔他还会给我说起他的哥哥，父亲说，他哥哥是一个中场球员，得分能力比他还强，但在 25 岁就去世了——纳西门托家里又一个前途无量却中道夭折的惨剧。

大多数时候，我们就是在练球，学习足球的基本技能。回头想想，有些练习十分有趣，其中有一个就是将足球挂在树枝上，我一连几小时用头顶它。但跟父亲教我如何用头将球顶入球网的技术相比，那就是小儿科了。他会双手抱球，用它一遍遍砸我的前额，嘴里还说："别眨眼！别眨眼！"他的观点是，要想把头球练好，首先就是在顶球时睁着眼睛。他甚至对我说，只要是在家里闲着没事，就要拿球自己砸自己的头。我听他的话，就这么做了，现在想想，当时的样子一定很滑稽。但是，很显然，父亲认为这种练习是非常重要的。他是对的，这种训练使我在职业生涯中获益匪浅。

除了头球，父亲还重点让我学会两种技能：一是在控球时将球控制得离身体越近越好；二是不管什么动作，双脚要做到同样好。

为什么他要重点强调这两个技能？也许是因为我们受到练习场地的限制——巴鲁的街道、后院、小巷等等。也许父亲意识到我瘦小的身材。成年后，我的身高只有 1.70 米，即便在那个时候，我的身高也算是比较矮小的。所以，跟父亲不同，我在球场上没有身体优势。如果我不能将对手撞开，不能比他们跳得更高，那我脚上的技巧就得比他们更好，我得学会将球变成身体的延伸。

说实话，父亲教我这些其实是冒着很大风险的，因为母亲很不愿意她的长子成为一个足球运动员。在母亲看来，足球就是一个死胡同，是一条通往贫困的道路。她是一个很坚强的女人，无微不至地照料着全家人。而当家里充斥着梦想家时，她肩上的担子就更重了。她想让我把空闲时间都用在学习上，用知识去改变命运。从过去到现在，她一直就像是坐在我们肩头的天使一样，总在鼓励我们去做正确的、高尚的、有益的事。她想让我们所有人过得更好。所以，开始那几年，每当她逮到我踢球，就会痛骂我一顿。有时候比这还厉害！

母亲良苦的用心阻挡不了父亲和我。她又能做什么呢？我们父子二人都中了足球的魔咒。随着时间推移，我们仍是在小院子里练球。母亲走到旁边，双手叉腰，听天由命般长叹道："嗯，真好，又把你的大儿子拉进去了。等他吃不上饭的时候，可别跟我抱怨说后悔没让他学医、学法律！"

父亲则抱着她的腰，笑着答道："别担心，塞莱斯特。等他把左脚练好，就什么都不用担心了。"

体育梦破灭的父母转而去训练自己的儿女重走自己的道路——这是司空见惯的事了，也常常伴随着风险。有的孩子厌恶这种期望所带来的压力，有的则是不堪承受压力而崩溃，有的孩子则再也不会去碰球。

我从未有过这种感觉。原因很简单：我爱足球。我喜欢脚上有球、脸上洒满阳光的感觉，还有队友间的友情、进球后全身过电一般的兴奋……但更重要的是，我喜欢跟父亲在一起。在我们练球的那些时间里，父亲绝不可能认为我有一天会因为踢球而变得出名、有钱，在那个年代，这种想法是绝无可能的。我想，他只是爱这项运动，并想把这种爱传给自己的儿子。

他做到了。我想说，我对足球的爱从未衰减过。它就在我的内心深处，就像宗教信仰或母语一样。父亲已经不在人世，但令我惊异的是，这么多年过去了，我仍无法将对足球的爱与对他的爱分割开来。

5

我这一生中，有幸在世界上近乎所有最好的球场里踢过球——里约的马拉卡纳球场、巴塞罗那的诺坎普球场，甚至还有纽约的洋基体育场。但我最早踢球的地方，还是神圣的“鲁宾斯·阿鲁达球场”——它其实根本不是一个球场，而是巴鲁老家门前的一条土路。邻居家的孩子们就是我最早的对手。我们把旧鞋当作球门，街边的房子就是球场界线（大多数时候是这样），若是一个大脚把路灯或窗玻璃踢碎了，我们就疯狂逃散；而我常常是受到指责的那个人，因为小镇上的人都知道，我是这群孩子里最迷恋足球的人。我想，这恐怕也是身为“唐丁霍的儿子”不利的一面吧。

我认为足球比其他任何运动项目都更能将人凝聚在一起，这一点在我们的街头足球中得到了印证。其他运动，如棒球、板球或美式橄榄球，都需要昂贵的器具或精心组织的球队；而对巴鲁这些贫穷、无组织的孩子来说，以上条件是遥不可及的。而足球，只需要一个球就行了。不论是1对1踢，还是11对11踢，获得的乐趣是一样的。在我们这个小区里，我几乎随时都能找到6或10个孩子一起踢球。我们的母亲就在近旁，她们能看护着我们避免出什么事。但在上世纪40年代，在这样的巴西小镇上，她们的担心根本没有必要——街上没有汽车，几乎没有暴力犯罪事件，并且，街坊四邻彼此都认识。所以，不论在什么时候，“鲁宾斯·阿鲁达球场”几乎总有球赛，除非裁判——我的母亲，把我们驱散。

足球的另一个好处就是，基本上任何人都能加入进来，不论是矮小还是高大，强壮还是瘦弱，只要会跑会踢，就能上场。所以，我们的街头球赛集结了五花八门的球员，每次比赛都像是联合国开大会：叙利亚人、葡萄牙人、意大利人、日本人，当然还有很多跟我一样的巴西黑人。

从这一点来看，巴鲁就是巴西的缩影，后者吸纳了来自世界各地的数百万移民。巴西就是一个大熔炉，其人口组成多种多样，几乎跟美国一样。外人大多不知道，圣保罗的日裔人口仅次于日本。巴鲁距离圣保罗有200多英里，其面积是圣保罗的百万分之一，但我们这里的移民同样很多，他们的祖辈最初都是在巴鲁小镇之外的咖啡种植园工作的人。我的邻居中，既有姓Kamazuki[1]的，又有姓Haddad[2]的，还有

1 日本姓氏，镰月。

2 瑞典姓氏，哈达德。

姓 Marconi[1] 的。足球让我们把彼此的差异置之脑后，有时候踢完球，我会去伙伴们家里，吃日式炒面、羊肉面饼或巴西豆米饭。在这个小小的地球村里，我种下了对其他文化着迷的种子，在其后的岁月里，我幸运地沉湎其中。

在小伙伴们中间，我踢球的热情最高，所以往往由我负责把大家分成两队。这是个很复杂的问题。为什么呢？嗯，不谦虚地说，父亲对我的训练已经开花结果，而这正是问题的所在。我所在的一方常常会以 12 ∶ 3 或 20 ∶ 6 的成绩碾压对方，别的孩子，甚至那些比我大的孩子都不愿跟我做对手。所以，开始的时候，为了保持大家的兴趣，我就不按人数分队，比如说，这边 3 个人，那边 7 个人，我则在那个人少的队伍里。但是这样还是不行，所以我就在上半场担任守门员，尽量保持双方的比分均衡，下半场才开始攻击。而幼年时担任守门员的这个决定给我的人生带来了一个奇怪的影响，并让我获得了那个全世界闻名的绰号。[2] 绰号在巴西是个很有趣的东西，几乎每个人都有绰号，有的人甚至有三四个。那时，我的绰号其实是“迪科”，家里人都这么叫我。我弟弟雅伊尔的绰号是“佐卡”，我们俩要是不踢球，就跟别的孩子到几个街区外的火车站玩，看那些来自圣保罗或别处的旅客，这是我们观看世界的窗口。其他日子里，我们就去铁路桥下的巴鲁河上钓鱼。我们买不起渔竿和钓鱼线，就

1 意大利姓氏，马可尼。

2 即贝利。

借来圆形木框的纱窗，把鱼从水里捞上来。有时候，我们去巴鲁小镇外面的树林里玩，或者是从树上摘杧果和李子，或是打鸟。那里有一种名叫 tiziu 的鸟，而我的另一个外号就因此而来，因为它又小、又黑、又快！

我的童年其实并不都是快乐的时光，因为家里的经济状况不佳，我在 7 岁时就开始打零工了。舅舅豪尔赫借给我一点儿钱，我买了一套擦鞋工具——一个小盒子，几个鞋刷子，还有一条皮带用于挎着鞋盒走动。开始时，我给朋友们或家人擦鞋练习技术，熟练之后就到火车站给过往的旅客擦鞋。几年之后，我又去了一家鞋厂工作。还有一段时间里，我将街坊里一位叙利亚女人做的 pastel—— 一种美味的油炸饺，常用碎牛肉、奶酪或棕榈芯做馅——送到小贩那里。他然后就去穿镇而过的 3 条铁路线中的一条近旁，把这些食物卖给旅客。

这些零工都挣不了多少钱，巴鲁是个穷地方，跟巴西其他地方一样。擦鞋的那段时间里我就发现，这里有太多擦鞋匠，但是鞋太少了。不论挣多挣少，我总是把钱交给母亲，她就用那些钱给家人买食物。家里稍稍宽裕的时候，母亲就会给我几枚硬币，让我去看戏。

还有学校。我在学校里的表现跟在球场上比起来就差得远了。我对足球的热情把我变成了一个冥顽不灵、桀骜不驯的学生。有时候，我会从教室里走出来，在院子里盘带一个纸团玩。为了让我遵守纪律，老师们对我用尽了方法——让我跪在一堆干豆子上，或是将纸揉成一团塞到我嘴里不让我上课时说话，有一位老师甚至让我面壁站着，双臂伸展，就像里约的耶稣基督雕塑一样。我记得有一次我惹了大麻烦：我爬到了老师的桌子底下看她的裙底……

时间长了，我对学校也厌倦了。可以做的事情有那么多，而我逃学的次数也越来越多。当时这是一个很普遍的现象，在上世纪40年代末，巴西的学龄孩子中只有三分之一上学，其中只有六分之一进了中学。话虽如此，这也不是个恰当的借口。很久之后，我为自己在校期间未能用心学习而后悔，为了弥补这一缺憾，我又付出了很多。

不论是好是坏，我都将大多数精力放在了球场上面。在这里我们无须考虑贫穷，无须考虑父母，也不必因以往的悲惨而耿耿于怀。在球场上，没有穷富之分，在这里，踢球就是一切。日复一日，我们在球场上交谈、呼吸、生活。我们当中很少有人知道，足球即将成为巴西有史以来最大盛事的主题。

6

那时跟现在一样，没有什么事情能像世界杯一样让所有人为之兴奋激动。每过 4 年，这项赛事都将世界各国聚在一起，在整整一个月的时间里比赛、庆祝、游行。它就像是一个盛大的聚会，整个星球都受邀参加。在过去 56 年时间里，我参加了每一届的世界杯，或者是作为球员，或者是作为球迷，或者是作为这项运动的“宣传大使”。以我的“权威”经验而言，再没有什么事情比世界杯更好了。当然，奥运会也很好，但在我看来，奥运会里的比赛项目太多了；而在世界杯上，只有足球——其高潮不断叠加，最终在决赛时到达顶点，那时一个新的世界王者横空出世。

现在的世界杯似乎已经成了一个雷打不动的习俗，但在 1950 年，世界杯首次踏上巴西土壤时，它还只是一个相对新颖的想法而已，并且它的根基并不牢固。第一届世界杯仅仅开始于 20 年前，在 1930 年。当时一位名叫儒勒斯・雷米特的法国人——当时的国际足联主席——决定为这项最受人欢迎的体育项目创立一个展示的平台。他的想法是，每 4 年将世界各国球队聚在一起同台竞技，时间就在每两届夏季奥运会中间，希望能够提高各国足球队的公众形象，并促进世界和谐。遗憾的是，当时只有男子世界杯，而在几十年之后才有人提出了一个极好的、姗姗来迟的主意，同样为女子足球举办世界杯比赛。[1]

开始的几届世界杯，其参赛国可谓形形色色，有古巴、罗马尼亚、荷属东印度群岛（今印度尼西亚）等，还有像巴西、意大利这样的足球强国。世界杯的声望和观众人数逐届增长，到了 1938 年法国世界杯时，其球场已经大到可以容纳数万人。但当年的世界杯也有一些不尽如人意的地方，比如，比赛前奥地利退出了比赛，因为在 3 个月前他们被德国吞并了。那一届的德国队招入了数名奥地利顶级球员，但他们第一轮就被淘汰了，而在巴黎球场进行的那场球赛，现场观众火药味十足，甚至往球场里扔瓶子。不幸的是，这种牵扯进政治因素的世界杯其后还有。

1 年之后二战爆发，世界杯——跟很多别的活动一样——被长久搁置。1945 年战争结束，但大多数欧洲国家饱受战火摧残，一心重建城市和工厂，很多年后人们才又想起该办一届全球足球比赛了。到了 1950 年，世界杯终于回

1　女足世界杯是在时任国际足联主席阿维兰热的鼎力倡导下，诞生于 1991 年 11 月，中国广东承办了该项赛事。

来了，但国际足联需要一个国家来承办这场赛事，这个国家得是未被战火波及，并有能力建造球场及其他相应设施的，于是他们选中了巴西。

虽说有了主办国，但很多国家已经遍体鳞伤，无法派出球队到南美参赛。那时可不像现在能坐着喷气式客机出行，从欧洲到巴西需要 30 个小时的行程，中间还得在佛得角[1]和累西腓[2]等地中转。德国当时尚被盟军占领并一分为二，被禁止参赛。日本也是如此。苏格兰和土耳其在最后时刻退出了比赛。最终，欧洲这个南美之外足球力量最强的大洲只有 6 个国家参赛。这对他们而言是很不幸的一件事，但对巴西而言就是个天赐良机。我们仍盼着自己的首个世界杯冠军，它却总是跟我们擦肩而过。现在，竞争者少了，又是在自己家门口举办，我们怎么可能再让它从手边溜走?

在巴鲁，跟巴西的其他地方一样，我们都因世界杯而发起了烧；也许并不全是比赛的原因，而是我们都已经深信不疑——我们已经将世界冠军纳入囊中。那时我刚刚 9 岁，但早已懂事。“世界杯是我们的了！”我记得父亲在晚上收听收音机里播报的世界杯准备工作进展时，就这样一遍遍自信满满地说，“世界杯是我们的了，迪科！”

在小伙伴们中间，我们也讨论着赛后的庆祝和游行，还

1 佛得角共和国，位于北大西洋的佛得角群岛。

2 位于大西洋沿岸，巴西第五大城市，也是巴西东北部最大城市。

争论着谁要去看奖杯。我们一边在街头踢球，一边幻想自己就是世界冠军。事实上这件事非常怪异，因为不论我走到哪里，都找不到一个认为巴西可能得不到世界杯的人。

7

巴西焕发了新的能量，每个人都能感觉得到。人们走路似乎都在跳跃，想向全世界展示自己。即便是在巴鲁这样偏僻、与世界杯有关的仅仅是些风言风语的地方也是如此。我们这些在“鲁宾斯·阿鲁达球场”踢球的小孩也心潮澎湃，想做点大事表现一下。我们把往常的街球比赛升级，成立了“正儿八经”的球队，就像巴西国家队、父亲的 BAC 球队一样。我们还想有真正的装备——球衣、球裤、鞋、袜子，当然，我们还需要一个比一团袜子更像样的足球。

但是有个问题：我们连 1 毛钱都没有。

我向大家建议说，或许我们可以把手里的足球贴画凑起来换钱。足球贴画在当时非常流行，就像现在的棒球卡一样，每张贴画上面都有一个球员照片，外加几句话的简介。我的想法是，大家把手里的贴画都拿出来，放在一本集邮簿里，主要收集的是里约和圣保罗的球队贴画，因为那样会更值钱。

然后再找一个买家，将贴画换成一个真正的足球。

大家立刻就同意了我的提议，但这点钱距离我们的目标还差很远。一个名叫泽波多的小孩建议说，我们可以在马戏团和电影院里卖烤花生挣钱。啊，好主意！可是到哪里去弄花生呢？后来我们才发现，原来泽波多早就有了主意，他狡猾地笑了笑，说我们可以从铁路旁的仓库里偷一些。

听到这个主意，我们当中有几个孩子很不安。我记得母亲的严厉警告，她说偷窃是一种严重的罪恶。我能感到，其他小孩子也有同样的想法。但泽波多很善于游说，他说，不去偷仓库的话，可以到火车车皮里拿一些，毕竟，谁会在乎少了几包花生呢？

“还有，”他补充道，“谁不同意就是臭狗屎！”

好吧，我们反驳不了他，于是就战战兢兢地去了火车站。作为队伍的非正式领袖，我跟另一个孩子被大家推举出来，钻进车皮里去偷花生。我还心存疑虑，但……为了足球吧，我想。

进入车皮之后，我的脑中全是母亲的样子，她叉着手看着我们，摇着头，眼里全是谴责和悲哀。但是到了这一步，悔改也晚了。我们把麻布袋割开，花生就像潮水一样涌在地板上。我们疯狂地将花生装进衣服兜里，用衬衫兜起来，还装满了一个带来的锈铁桶。时间是如此漫长，终于，我们带着赃物跟其他孩子会合。我们快速地跑回家，一路上高兴地笑着、叫着，就像心上的一块石头落了地。

我们把花生烤熟，按计划将其卖出去，用得来的钱买了球裤。这些钱还不够买球衣的，而再次到火车站“碰运气”实在是个坏点子，于是，我们就降低标准，买了比赛背心。虽然袜子和鞋仍然没有着落，但我们已经很兴奋，无暇去考虑了。起初我们把自己的球队称为“Descalsos”——意思是“赤脚者”；后来却发现，在巴鲁已经有好几个叫这个名字的球队了——当然，其名字的起源与我们一样。

后来我们把球队命名为“Sete de Setembro”，那是一个小镇的名字[1]，而它又是因为巴西独立日——9月7日而得名。[2]有了装备，又有两三个好球员，我们开始正儿八经把自己当一回事了。每场比赛之前，我们都会一本正经地排队入场——好吧，走上大街，就像父亲的球队所做的那样。我们跟近处的几个球队排好赛程，并且赢下了大部分比赛，有时候甚至是两位数的得分优势。踢球时，我花样百出，用头、用膝……有时候，我会狂笑着过人，突破对方倒霉的防守队员，然后破门得分。

一天晚上，父亲从杂货店下班回家，一副心绪烦乱的样子。晚饭过后，他说要跟我谈谈——单独谈谈。

“今天，我经过你跟朋友们踢球的地方，我看见你了。”他说道。

我的眼睛亮了起来，他一定是看到我的精彩表现了？

1　九月七日镇，是巴西南大河州的一个市镇。

2　1822年9月7日，巴西宣布完全脱离葡萄牙而独立，成立了巴西帝国。

“我很生气，迪科，”他继续说道，“我看见你嘲弄别的孩子。你应该尊重他们。你的才华？那都不是你的，是上帝赐给你的！”

“上帝没有赐给别的孩子同样的才华，那又怎样？你没有权利表现出高人一等的样子。”

“你还只是个孩子，”他严肃地说道，在我面前摇了摇手指，“你还什么都不是，什么都不是。有一天，等你取得了成就，那时再庆祝也不迟。但就算那样，你也要保持谦逊！”

我愣住了。我记得，那一刻我只想跑开，躲到自己房间里（我跟弟弟佐卡共用一个卧室）。但是，跟往常一样，父亲的建议的确是真知灼见，而那次谈话的内容在很多很多年之后还清晰地印在我的脑海中。并且，事后看来，他的这些话理应是对全巴西的警示。

8

世界杯终于开始了，我们的街球比赛也暂时停止了，为的是能把注意力都放在世界杯上面。开始时，巴西国民积攒已久的狂喜似乎实至名归。在里约举行的开幕赛上，巴西队以 4 ： 0 大胜墨西哥队，阿德米尔独进两球。他来自瓦斯科达伽马队，被人称作“下巴”。原因？当然是因为他长着一个大下巴。巴西队的第二场在圣保罗的帕卡恩布球场举行，对阵的是瑞士队，其比分让大家稍稍清醒了一些——2 ： 2。但随后 2 ： 0 轻取南斯拉夫队，又迅速抚平了大家的担忧。小组赛结束，巴西队挺身进入决赛圈。

从那一刻起，巴西队就像是一头被惊醒的猛兽。巴西队先是将强队瑞典 7 ： 1 屠杀，其中 4 个球是“下巴”打进的。4 天后，又以近似的情况大胜西班牙队，6 ： 1，5 名球员贡献了总共 6 个进球。巴西队球技高超、攻守均衡、防守牢固，进攻手段多种多样，在主场球迷面前上演着完美的盛宴，而巴西的家乡父老则对他们报以歌声、五彩纸屑和狂热的爱。毫不费力又毫无悬念，巴西距离冠军只有一步之遥。也许父亲是对的，世界杯是我们的了。

总决赛的对手是我们每个人都乐意看到的——乌拉圭队。乌拉圭位于巴西南部，农牧业和沙滩是其两大特色，其人口只有 200 多万，比巴西首都里约热内卢的人口还少。他们跟巴西不同，是一路磕磕绊绊进入决赛的，先是 2 ∶ 2 与西班牙队打平，然后凭借终场前 5 分钟的进球才以 3 ∶ 2 战胜了瑞典队。

总决赛的场地也是最好的：那是里约专为世界杯而建的马拉卡纳球场。这个辉煌而庞大的建筑不像是个球场，更像是一座皇城，而政府在建造马拉卡纳球场时一掷千金，为的就是让自己的球队在这里加冕。参加球场建设的工人有 1 万多人，临近完工时，工人们都进到看台上，做出为进球欢呼的动作，以对看台进行“测试”。幸运的是，球场的柱子和横梁都经受住了考验。2 年后球场完工了，它能容纳 20 万名观众，是世界上最大的体育场，比排名第二的苏格兰格拉斯哥汉普顿公园球场还要多 4 万人。

巴西的媒体和政客已经忘乎所以，似乎在比着看谁对马拉卡纳球场——往大处说是巴西——的溢美之词更加华美。《晚报》刊文说：“巴西已经建成了全世界最大、最完美的球场，它印证了巴西人民的能力，也反映了我们在各个方面所取得的进步。现在，在这个精彩绝伦的舞台上，巴西将向全世界展示我们的魅力和体育荣耀。”

这些话看起来就像小孩子在吹牛炫耀，但跟比赛当天的情况相比，它就不值一提了。里约的大街小巷全都是狂欢节一样的游行队伍，人们都唱着专为庆祝巴西获得世界杯而编写的歌曲，很多工人当天都请了假，在家里摆上啤酒和甜点，以备赛后狂欢吃喝。一家报纸甚至在头版刊登了巴西队的照片，其大标题是：这就是世界冠军！

在巴西队步入球场时，队员们高兴地发现，马拉卡纳球场里座无虚席——当天有大约20万人到场观战，时至今日仍是足球比赛的一项纪录。比赛前，球员们都获赠一块金表，上面有这样的铭文：赠与世界冠军。接着，唯恐有人尚未领会其中意义，里约热内卢州的州长向球队、观众和全国致辞：

“你们，巴西的儿郎，是这场比赛的胜利者……几个小时之后，你们将受到数百万同胞的欢呼和赞美……在这个半球，你们无可匹敌……你们比任何对手都更加优秀……我早已将你们视作王者！”

在这些狂热的欣喜之间，只有一个声音语带警告，但说出这句话的人绝非是信口雌黄。

“这不是一次表演，而是一次比赛，跟其他比赛是一样的，只是更难打一点儿。”巴西队主教练弗拉维奥·科斯塔在比赛前一天对记者们如此说道，“我害怕的是，球员们在球场上时，就好像球衣上早已绣上了冠军徽章一样。”

9

这里有一个问题：这么天花乱坠地宣传，到底是为什么？

是因为我们太单纯？太傻？

还是有别的原因？

这么多年来，我懂得了一个道理——有时候也是吃了很多亏才学到的，那就是，球场上发生的事情只是冰山一角。对巴西来说是这样，对世界上任何一个国家来说都是如此。你得把视线从白线圈起的球场里挪出来，看看球员的生活，看看球队，尤其要看的是这个国家的政治状况，这样才能明白到底是怎么回事。

很明显，在 1950 年的世界杯上，足球只是整个故事的一个篇章。历史上首次——但肯定不是最后一次，巴西的政客们发现这项赛事是一个黄金机会，可以用来增强国家的声望——还有他们自己的声望。在那段时期，在欧洲人和美国人眼里，巴西只是一个身处热带的穷乡僻壤，是个香蕉共和国[1]，霍乱和痢疾肆虐，人口大多数是印第安土著和不识字的奴隶后裔。这些话听起来很刺耳，或政治上不正确[2]，但这就是事实。这种观点，甚至连巴西的官员都屡次明说，其中就包括里约市的市长。他说世界杯是一个机会，让我们向世界证明我们不是“野蛮人”，巴西能跟世界上的富强国家一拼高下，并取得胜利。

这只是对巴西的片面看法，事实上，数百年来巴西都以其多重魅力吸引着外界的人，甚至连我们的独立也颇有传奇色彩。跟大多数拉美国家不同，巴西并不是西班牙的殖民地，而是葡萄牙的。1808 年，葡萄牙皇室因拿破仑的入侵而逃离首都里斯本，将朝廷转移到了里约热内卢。这是第一个踏上殖民地的欧洲皇室，而在殖民地建立流亡政府更是绝无仅有的事。而更能说明问题的是，即便在拿破仑被打败、其军队已对葡萄牙毫无威胁之后，有些皇室人员——包括摄政王的儿子佩德罗一世——都决定留下来。

为什么？嗯，这么说吧，我曾数次到过里斯本，那是一个很冷的城市。但在里约，这里有细腻的沙滩，扇形的海湾，翡翠的群山，还有美丽、热情、多样化的人民。佩德罗一世每天早上走出王宫，走过一条短街，两旁都是巨大的棕榈树，然后到弗拉门戈湾游个泳，顺便欣赏一下面包山上的

1 指中、南美洲发展中国家。

2 所谓的“政治上正确”，指的是使用中立的字句，以图不侵犯他人，保护弱势社群。

美景……所以，当王室的其他成员在1822年给他写信，让他返回葡萄牙时，他做了情理之中的回答——让他们见鬼去吧。“少废话！”他公开宣称，“我不走了！”就这样，没流一滴血，巴西就独立了。那时是9月7日，也就是我跟小伙伴们球队的名字出处，而那一天仍被称作“留下的一天”。

这是一个很动人的故事，也并不算多么离奇，因为在巴西，你不必身为帝王就能享受同样的生活乐趣。来自世界各地的数百万移民都为巴西的人民和遍地的机遇所倾倒，决定留在这里。但佩德罗一世的故事也反映出我们的政客为何在1950年如此焦虑——巴西已经独立一个多世纪了，但我们的政局仍是一团乱麻。从“留下的一天”算起，巴西就没过上一天安稳日子，不是革命就是政变，地区暴动层出不穷。就在20多年前，圣保罗还因抗议里约政府而发生了叛乱。在二战期间，巴西士兵曾经英勇地与盟军——民主的一方——并肩作战，回到故乡时却受到独裁[1]政府的统治。世界杯开始时，巴西刚刚起步发展，但它在世界上的位置仍不确定。佩德罗·珀迪高在他关于1950年世界杯的书中写道：“巴西是一个没有多少荣耀的国家，它刚刚摆脱独裁统治，杜特拉[2]政府面临的是一派萧条。”换句话说，巴西的政客们认为——尤其是在1950年——他们需要证明点东西，于

1　即热图利奥·瓦加斯，巴西大独裁者，1930年至1945年，以及1951年至1954年，两次出任巴西总统，前后长达18年。

2　即欧里科·加斯帕尔·杜特拉，1946年至1951年任巴西总统。

是就将目光放在了足球上面。

另外，在 1950 年还有一个大问题慢慢浮现。这是另一段历史，而对纳西门托家来说意义重大。

根据新闻记者多年以来的调查，我们认为，我们的祖先最早来自今天的尼日利亚或安哥拉[1]。“纳西门托”可能是源自巴西东北部一个大牧场。我们的祖先应该是早年间运到巴西的 580 万黑奴之一。据估计，这个数字是运到美国的黑奴的 20 倍。曾有一段时间，巴西的奴隶比自由人还多。巴西还是世界上最晚废除奴隶制的国家之一，巴西废除奴隶制是在 1888 年，美国内战结束后又过了 20 多年。

换句话说，奴隶是这个国家一个巨大的话题。著名社会学家、上世纪 90 年代曾任巴西总统的费尔南多·恩里克·卡多佐[2]曾将奴隶制称作“巴西不平等的根源”。此时的我们并不像美国那样，有着强制执行的种族隔离政策，其原因部分源自多年来混居情况太普遍。其结果就是，刻意区分黑白总是会惹上麻烦；而黑人和白人之间的暴力事件更是少见。人们普遍认为，尤其是在我成长的上世纪 50 年代，巴西是“人种民主制”。美国的《体育画报》曾说我是“快乐地生活在世界少有的几个不会因肤色而影响生活的地方”。

但是这句话只说对了一半。获得自由身的奴隶和他们在巴西的后代，其生活尤为艰辛。虽说没有官方的强制隔离政

---

1 均为非洲国家。

2 1995 年至 2003 年担任巴西总统。

策，但事实上，巴西黑人往往得不到教育、医疗及其他能够维持并提高生活水平的东西。我还记得成长过程中所体验到的贫困，又想到父母童年时可能的状况，我认为——虽然其方式并不明显，但历史一定是有责任的。对我们家来说，“奴隶”并不是一个遥远或抽象的概念，因为我外婆的父母就是奴隶。我们家为自己多年来所取得的进步而骄傲，我——不管是过去还是现在——都为自己是个黑人而自豪。但无须否认，即便是在现在的巴西，你的肤色越黑，你就可能越贫困。

基于以上原因，即使到了 1950 年，巴西的绝大多数人民仍然过着艰辛的生活，有些人甚至连饭都吃不饱。这种状况常常令巴西的政客们有些尴尬，这也许就是他们如此大力宣传世界杯的原因。里约的官员们不仅仅是想向世界证明他们所取得的进步，还竭力让自己的国民相信这一点！

多年之后，我们会为自己在 1950 年的所作所为而感到愚蠢，但我相信，当父亲说“世界杯是我们的了”这句话时，他可能只是在复述从收音机里听到的话，而这些话，想必也是出自政客之口——有时甚至是直接命令媒体这样宣传。所有的巴西人被这些宣传所蛊惑，而其影响还会渗入球场，导致不幸。在我的一生中，曾目睹类似事件一遍又一遍、一遍又一遍地上演。

10

当朋友和家人陆续走进我们家准备听球赛的时候，我心里还有一个疑问。

“爸？”

“什么事，迪科？”

“我能跟你一起去市里庆祝吗？”

通过眼角的余光，我能看到母亲正朝父亲猛摇头，但父亲假装没看见。

“好，”他笑着答道，“但是时间不能太长，玩一会儿就回来。”

我被快乐冲上了云霄，轻飘飘地跑到收音机前，使劲靠近身子听着比赛的情况。马拉卡纳球场的观众兴高采烈地大声喧闹着，收音机里的解说员开始逐一介绍巴西队的成员。这是一支可怕的队伍，是高超的球技和生机与活力的混合体。济济尼奥，我最喜欢的巴西队球员，他被誉为球场上的达·芬奇；巴博萨，世界顶级守门员，在 6 场比赛中仅失 4 球；阿德米尔，就是“下巴”；还有左后卫“小胡子”[1]，他正在里约最大俱乐部之一的弗拉门戈队效力，他入场时得到了热烈的欢呼。

终于，解说员念到了 1950 年巴西国家队队长的名字。他是个令对手胆寒的防守队员，还是球队的精神领袖；他似乎对这次大赛的压力毫不动容，也许跟他以前的工作经历有关吧，在踢足球之前，他是一名联邦警察。即便用防守队员的标准来衡量，他也不是一个得分型球员——在他为巴西的瓦斯科达伽马俱乐部打的 297 场比赛中，他一球未进。但他是防守端的中流砥柱，是球场上的镇静剂，所以，他是这种决赛上不可或缺的队员。

他就是奥古斯托。

就是那个 8 年前在米纳斯吉拉斯的比赛中与我父亲撞在一起的人。

时运弄人。一个人痊愈了，成了巴西队的队长；而另一个带着膝伤黯然返乡，在收音机前听着前者的比赛。

也许当天父亲心怀羡慕，但他并没有说出口；我想，他最想要看到的是巴西队能赢下比赛，别的都不重要了。

---

1 即若昂·费雷拉，“小胡子”是其外号。

11

上半场的比赛异常激烈，巴西队的进攻一波接着一波。我们由 5 位前锋组成的强大攻击线，在可怕的“下巴”的带领下，向乌拉圭的球门狂轰滥炸。看过那场球赛的人都说，上半场的比分本应是巴西 2 ∶ 0 或 3 ∶ 0 领先，但乌拉圭的守门员罗克·马斯波利把所有的射门都挡在了外面。人们都说，他有几个扑救非常幸运。其实在随后的岁月里，罗克得到了一个“幸运儿”的外号——他曾两次中了乌拉圭国家彩票大奖。所以我猜，1950 年 7 月 16 日这一天，巴西队碰上了罗克的幸运日。

下半场开始，弗里亚卡的射门终于突破了罗克的十指关。母亲和父亲拥抱在一起，我和朋友们冲出屋外，外面到处都在放烟花，我的耳朵都震得发出欢快的嗡嗡声。在马拉卡纳球场内，现场的观众也在抛撒彩色纸屑、燃放烟花。人们的情绪终于引燃了，全国大狂欢拉开了序幕。

我和朋友们返回屋里的时候，家里的庆祝仍在继续。父亲和朋友们喝着啤酒，谈论着当初在BAC踢过的比赛，并未十分关注收音机里的声音。

这时，我们听到国家电台的解说员冲口而出：

“乌拉圭进球了！”

嗯——什么？

“乌拉圭进球了！”

那位解说员后来解释说，他之所以将这句话重复了一遍，是因为他知道听众在听到第一遍时不会相信自己的耳朵。

屋子里一片死寂，我们听着解说员复述进球经过。

“精彩的进攻配合，最后带来扳平比分的进球。”解说员讲道，声音突然低沉了很多，“‘小胡子’的球被吉贾断下，他传出一记低球……漂亮的传球……斯基亚菲诺从左路插上，破门得分。”

巴西1，乌拉圭1。

到现在为止，其实没什么好担心的。1950年世界杯采用的是循环制赛事，主要是因为参赛的球队太少了。根据前面的积分，巴西只要在决赛中与乌拉圭打平，就能获得冠军。再说，比赛只剩20分钟了，而我们的球队在前面的比赛中平均每场丢球数还不到1个。所以，我们的防守队员是不会允许对方再进第二个球的。

但是，就在乌拉圭破门那一刻，一种奇怪的感觉出现了。马拉卡纳球场的观众感觉到了，远在巴鲁的我们也感觉到了。我们所有的自信和大吹大擂似乎一下子灰飞烟灭，就像气球突然漏光了气。我们把自己抬得太高了，摔下来就是致命的后果，而就在那一刹那，所有的巴西人都感觉站在了悬崖边上。

我偷看了父亲一眼，他眼睛睁得很大，瘫坐在椅子里。

在马拉卡纳球场内，现场的 20 万名观众也不知怎的突然鸦雀无声。

这种静默，科斯塔教练后来说："把球员们吓坏了。"

而打进一球之后的乌拉圭，这只赛前并不被看好的猎犬，嗅到了血腥味儿。

12

足球跟国家大小无关，跟球员的身材无关，勇气、技术和努力才是其决定因素。老天啊，我本应比其他人更明白这个道理。不知是怎么回事，我们竟然忘记了——乌拉圭的足球传统一点儿都不亚于巴西。乌拉圭国家队在世界上也以“garra charrúa”而闻名，这是一个方言词，意思是勇气和斗志。他们在上世纪10年代之前就将黑人球员招入国家队，这一点比包括巴西在内的其他南美国家都要早。乌拉圭曾获得两次奥运会足球金牌，甚至夺得过世界杯的冠军——就在1930年于乌拉圭举办的首届世界杯上！[1]那届世界杯跟1950年世界杯类似，同样有很多世界强队未能参赛。当时全世界都受到经济大萧条[2]影响，很多欧洲球队都不能参赛，因此

1 1930年乌拉圭世界杯，即第一届世界杯，于1930年7月13日至7月30日在乌拉圭举行，共有13个国家参加了比赛。东道主乌拉圭以四战全胜的战绩夺得冠军。

2 经济大萧条，指1929年至1933年之间源于美国的全球经济危机。

很多人都说乌拉圭能获得 1930 年世界杯冠军实属侥幸，然而，这些人的话说得太绝对了。

当乌拉圭人来到里约参加决赛，却发现被人当成巴西队夺冠的陪衬时，他们做出的正是一个昔日王者的反应——他们不服。乌拉圭的球员怒不可遏，憋着劲加强训练；而在他们的怒气中，球队教练和随队官员看到了机会。

比赛当天上午，乌拉圭驻里约的领事曼纽尔·卡巴雷罗拿着 20 份印着“巴西是世界冠军”大标题的报纸来到乌拉圭队下榻的酒店，这时队员们正准备吃饭。卡巴雷罗把报纸扔在餐桌上，说：

“我是来慰问你们的，你们被打败了。”

队员们立刻炸了锅。其中有个名叫尤西比奥·特杰拉的球员，一贯以脾气暴躁而闻名，他站起身来，一拳捶在墙上。

“不，不，不！他们不是冠军！”他高叫道，“让他们看看谁是冠军！”

还有另一个说法是这样的：乌拉圭的队长奥布杜里奥·瓦雷拉随后把这摞报纸拿到酒店的厕所里，他把报纸扔在地上，队员们鱼贯而入，往巴西球员的照片上撒尿。

在踏上球场的那一刻，乌拉圭队员的紧张感消失了，而上半场的平局也让他们不再对巴西心怀畏惧；战无不胜的巴西队也不过如此，而下半场巴西队的首个进球更激起了乌拉圭队的斗志。奥布杜里奥从球网里把球拿出来，抱在怀里，朝在场的每个人——裁判、观众——咆哮了整整 1 分钟。当他最后把球放下，让比赛继续时，他对队友们喊道：

“打败他们！不然就没命回家了！”

这么说有点夸张了，但他并不是当天第一个在巴西夸大其词的人。乌拉圭队员随后的劲头正是奥布杜里奥所希望看到的，接着他们就打进了扳平的一球。又过了10分钟，阿尔西德斯·吉贾这位乌拉圭优秀的右边锋又有了一次独自面对巴西球门的机会。

13

电台里继续解说着比赛：

“吉贾回传……朱利奥·佩雷斯长传右路……吉贾冲向球门……射门。球进了。乌拉圭进球了！吉贾！乌拉圭的第二个进球！乌拉圭2比1领先了……下半场比赛已经过去了33分钟……”

14

也许是感觉到了即将到来的失败，也许是被客厅里的静默吓到了，也许因为我仅仅是个孩子，在乌拉圭打进第二个球之前，我就跑到外面跟朋友们玩去了。我们心不在焉地踢着球，为自己的进球而欢呼庆祝，但我们能感觉到屋里的气氛不大对劲儿。

过了一会儿，父亲的朋友们慢慢地拖着脚步从我们家走出来，脸上带着苦恼的表情。那时，我就猜到结果了。我把球放在地上，深吸了一口气，走回屋里。

父亲背对着我站在窗前，望着外面。

“爸？”

他转过身来，脸上挂着泪。

我愣住了。我从未见过父亲流泪。

“巴西输了。”他嘶哑着声音说道，似乎无法说出这四个字，“巴西输了。”

15

“我这一辈子，再没有见过像那场比赛失利之后巴西人那样的悲伤。”多年以后，为乌拉圭打入制胜一球的阿尔西德斯·吉贾如此说道。接着，他又稍带自豪地说：“历史上只有 3 个人能用一个动作让马拉卡纳球场安静下来——教皇，弗兰克·辛纳屈[1]，还有我。”

终场哨声响起，看台上数千球迷哭了起来。那一刻巴西国内有多少人流下眼泪，恐怕只有上帝知道了。当时球场内的气氛太压抑了，在乌拉圭的队员们等着儒勒斯·雷米特——当时的国际足联主席、世界杯的创始人——走上球场为他们颁发奖杯时，其中有些球员心里想的只是快点跑到更衣室里去。“我比巴西人哭得还厉害，”为乌拉圭打入第一个进球的斯基亚菲诺说道，“因为我能看到，他们太痛苦了。”

1　20 世纪最重要的流行音乐人物，与猫王、披头士齐名的乐坛巨匠。

马拉卡纳球场外面，愤怒的球迷点燃了一堆堆的报纸，其中就包括那份贸然宣称巴西是冠军的报纸。球场并未烧坏，但市长立在门口的雕像被人们推倒了，还将其脑袋扔到了附近的马拉卡纳河里。几个小时之后，巴西队队员们茫然地从球场里走出来，其中几个恍惚着走进附近的酒吧里，一连几天在里面借酒消愁。为巴西队打入唯一进球的弗里亚卡被一群球迷认了出来，他们朝他大喊着获胜的乌拉圭队员的名字："奥布杜里奥！""吉贾！"弗里亚卡说："那些喊声，我一辈子都忘不掉了。"

在随后的数周、数月时间里，这种悲伤的情绪与日俱增。赛前的大肆宣传已是耸人听闻，现在的哀伤和反省比之更甚。在人们看来，我们就像是刚刚经历了一场战争，巴西战败，伤亡无数。他们认为，这场比赛不是11名队员技不如人，而是整个国家的挫败，它说明巴西永远都摆脱不了"落后"的禁锢。有些人甚至灰心丧气地说，巴西永远都不会赢得世界杯，永远都不能跟世界强国一较高低。

甚至一些很客观的人也认同这种观点。著名的人类学家罗伯托·达麦塔说，这场失利是巴西现代史上最惨的悲剧，因为它使人们相信，我们的国民都是失败者。雪上加霜的是，这场失利恰恰发生在这个国家刚刚有了点梦想的时候——在体育项目上，在国家声望上；我们冒着风险，刚想施展一下手脚，就碰壁了。又过了很多年，巴西的国家自尊心才得以恢复。"每个国家都有无可挽回的大灾难，就像遭受核弹的日本广岛。"

巴西体育记者尼尔森·罗德里格斯这样写道，“而我们的大灾难，我们的广岛，就是1950年败给乌拉圭。”另一位记者罗伯托·姆伊莱特还将吉贾打入制胜一球的黑白录像与美国总统肯尼迪遇刺的镜头进行了对比，说它们“有着同样的情节……同样的动作、节奏……同样精确无情的运行轨迹”。

1950年这批巴西国家队的球员们随后在各自的俱乐部球队里都取得了不错的成就，但令人悲哀的是，他们一辈子都没有获得世界杯冠军。有些人到死都念念不忘那次近在眼前的机会。济济尼奥，那届国家队里我最喜欢的球员，他说他把世界杯亚军奖牌放在奖品箱子的角落里，任其氧化黯淡。“我不愿擦它，”多年后他如此说道，“在巴西，足球亚军就是废物，还不如打不进决赛。”尽管他极力想要忘记，别人却不放过他。此后的几十年时间里，每年的7月16日，济济尼奥都会接到电话，“要是不接，它就会响上一天。巴西各地打来的电话，问为什么我们输了那届世界杯。”

有一些球员承受的痛苦比别人更大，那就是黑人球员。著名记者马里奥·菲里奥在《巴西足球里的黑人》一书中说，很多巴西人都将此次失利归咎于巴西的“人种劣势”——一个让黑人球员出赛的黑人国家总是低人一等的。这种观点无疑是迂腐而令人作呕的，但事实——或巧合——恰恰佐证了这种说法，因为巴西国家队的两位“最黑的”球员都跟乌拉圭的两个入球有关。“小胡子”是负责盯防斯基亚菲诺的人，而后者打入了乌拉圭的首个进球；在此后多年时间里，“小胡子”一直被人奚落为“懦夫”。他此后过着深居简出的生活，不愿跟国家队的朋友们来往，因为他怕有人会提到那场比赛。还有守门员巴博萨……他承受的指责更多、更重。

在以后的日子里，我曾多次见到过巴博萨。他住在里约，那届世界杯之后继续为俱乐部踢球，直到41岁才带着诸多荣誉退役。但无论他怎么努力，都无法摆脱人们的指摘、嘲笑和埋怨，几十年后依然如此。1994年他想到特雷索波利斯[1]的训练场探望国家队，希望能在他们去参加美国世界杯前为他们鼓劲送行，但被对方拒绝了，因为他们认为巴博萨是个“灾星”。他于2000年4月去世，在世的时候他曾数次对我和别人说：“在这个国家要是犯了罪，最高量刑是30年，我不是罪犯，却过了远远超过30年的牢狱般的生活。”

其实，巴西的失利并不怪巴博萨，也不怪其他队员。济济尼奥说，所有妄自尊大、目中无人的言论，不论是在报纸上还是在其他地方，都是“你亲手赠给敌人的利刃”。科斯塔教练则将失利的原因归咎于“在球迷、媒体、管理者身上泛滥的‘我们已经赢了’的气氛”。巴西是被自吹自擂杀死的。每个想借世界杯谋利的人——尤其是那些政客——都应该为失利承担责任。他们凭空造出力不能及的期望值，而当

1 巴西东南部里约热内卢州一座山区城市，是巴西国家足球队的训练基地所在地。

现实超出了他们的预料时，巴西队就注定了失败。

“打败我们的不是乌拉圭的第二个进球，”科斯塔教练说道，“而是第一个。”

话虽如此，很多人还是不会接受这种解释。悲哀的是，马拉卡纳失利的阴影至今还笼罩在我们心头。巴博萨说，他一生中最悲哀的日子不是 1950 年 7 月 16 日，而是 20 年后一个普通的下午，一位妇女和她年幼的儿子在商店里认出了他。

“看，”那个女人指着巴博萨对儿子说，她的声音很大，足以让巴博萨听得清清楚楚，“就是他伤了全国人的心。”

16

大家也许会问：你开始时不是说 1950 年世界杯对巴西是件好事吗?

请听我解释。

的确，那届世界杯的结果令人大失所望。对巴博萨，对其他很多人而言，确实没有什么值得津津乐道的。但对我们这些人来说，那一天的经历极其宝贵——它将我们凝聚成一个民族，在此后几十年时间里令我们持续受益。

围聚在收音机旁边，共同承受着失利的痛苦，巴西人终于有了共同的体验。在巴西的历史上，第一次，富人和穷人有了共同语言；不论是在里约、巴鲁、圣保罗还是亚马孙平原深处，不论是在街头巷尾、面包店还是办公室，我们有了一个共同的话题，可以跟任何人谈论。现在人们对这种情况已经习以为常了，但在当时，这是一件很了不起的事，它制造了一个故事，让大家意识到身为一个巴西人意味着什么。

我们不再彼此陌生，从此再也没有隔阂。

并且，此事过后，巴西人脱掉了一层单纯和幼稚——甚至可以说是头脑简单，不再像决赛那天下午以及之前的几个月一样了。这种品质并未完全消失，但我们的确变得成熟了一些，不再轻信政客、媒体的话。这在后面的岁月里，对我们的政治，对我们的文化都意义重大。

最后一点：对像我一样心怀足球追求的那一代人而言，1950 年 7 月 16 日给了我们极大的激励。看到父亲在客厅里哭泣，母亲在旁边竭力安慰着他，我走进了父母的房间里。那里墙上有一张耶稣的画像，我泪如雨下，对着画像说：

“为什么会这样？为什么是我们？上帝啊，我们为什么要受到惩罚？”

上帝没有回答我的问题。我的失望慢慢平息下来，转而被另一种情绪，一种深刻而坚定的信念所代替。我擦干眼泪，走回客厅，把手放在父亲胳膊上。

接下来我说出口的——说实话我不知道这句话是从哪里冒出来的——也许只是一个 9 岁的孩子安慰父母的话，但鉴于此后所发生的事，这句话真的意义非凡。

“没关系的，爸，”我对他说道，“有一天，我发誓，我会给你赢一个世界杯。”

第2章 瑞典，1958

1

客车吱吱嘎嘎地爬上山路，随着每一次换挡，车尾都喷出一阵黑烟，也加剧着我们的紧张。有那么一刻，我都觉得好像要翻车了。我开始向上帝祈祷，求您一定，一定让我们安然度过这次旅程。我把脸贴在玻璃窗上，希望能看到一些绿草地或别的什么柔软的东西，万一我们翻车了，好歹能缓冲一下。但是没有，放眼望去，全是石头，再就是翠绿色的丛林。身后更远处，在几乎超出了视野范围的地方，是圣保罗的摩天大楼和工厂；我们正离它们越来越远，驶向大西洋海岸。

我深吸了一口气。即便没有险路上死亡的威胁，这一天也够可怕的了。我要去参加桑托斯足球俱乐部的面试了。这个俱乐部以其所在的港口城市命名，其规模并不算大，但经营得很成功。过去几年时间里，我一直在为BAC——父亲在巴鲁的俱乐部——的青年队踢球。青年队的教练是瓦尔德马·得·布利托，他是一位足球名人，曾代表巴西国家队参加了 1934 年的世界杯。瓦尔德马认为我拥有过人的足球才华，就联系了桑托斯俱乐部的熟人，安排我去参加试训。当天上午，我和父亲坐火车从巴鲁赶到圣保罗，在那里跟瓦尔德马会合并一起吃了午饭。现在，我们三个人正坐车赶往桑托斯。

离开巴鲁是件令人心碎的事。因为我要跟儿时的伙伴们告别；还有，在我动身前一天晚上，全家人最后聚在一起为我送行，外婆一直在哭。其他人的情绪倒是都很平稳，我的母亲也是如此，这一点令我很惊讶。她对足球这件事仍心怀疑虑，但瓦尔德马在我家待了很久，努力做母亲的工作，他说我拥有杰出的足球才华，这是上帝的恩赐——就像父亲曾说的那样。在请求母亲让我跟他走的时候，他甚至哭了，他说，让我这样的球员待在巴鲁是一种罪孽；他还说，如果我试训不能通过的话，他会把我送回家。

我猜，瓦尔德马的话还是很有说服力的。在我离开之前，母亲亲手给我做了两条长裤，让我路上穿。那是我一生里第一次穿长裤，此前在巴鲁，我一直是穿着短裤的。

“我知道你会让我们骄傲的，迪科。”母亲对我说道，“记着我们是怎么教你的，别惹麻烦，我们就不会担心你了。”

我心里可是一点儿底都没有，刚出门，就被这山路吓了一跳。

汽车沿着山路上爬，不时经过让人心惊肉跳的急转弯和飘在云端的桥梁。这段旅途神奇诡异，甚至有违上帝的意愿，因为我们似乎是要把车开到天上去。我害怕上帝会一时恼怒，一口气把我们吹到山下，把我们送回巴鲁老家。

路途中，也许是看出我有些紧张，瓦尔德马就悄声嘱咐着我试训的事，父亲则在我们后排的座位上睡觉。

“别跟记者说话，他们只想作弄你。”

“别抽烟，否则你就会跑得越来越慢。”

“女人，她们是祸水！”

虽然我后来都是按照他的建议去做的，但当时我只是心不在焉地听着，心早就飞到了此行的目的地去了，因为那里有一件事是我迫不及待要看的。

很快，车就到了桑托斯，过调车场、山腰上红瓦的宅邸，还有市区里迷宫一样狭窄的街道，朝着汽车站开去。终于，在这座城市里诸多林荫大道的尽头，我看到了最想看的东西——它在那里闪烁着粼光，是那么广阔的一大片蓝色，远远超出我的想象。我太激动了，大叫了一声，把车上的乘客都惊醒了。

“别激动，孩子，”瓦尔德马略带惊诧地笑着对我说，“一会儿就带你去看看。”

当时我只有 15 岁，是个刚刚走出巴鲁小镇的小男孩，那是我第一次见到大海。

而就在 2 年之后，我就被队友们扛在肩上在球场里庆祝，因为我帮助巴西队赢得了第一个世界杯。

2

现在回想起来我都觉得惊奇，那2年的变化实在是太大了。

那2年的我，似乎是坐上了火箭一样，激动，又有点控制不住—— 一直朝着一个无法预知的目标爬升。我控制不了这些急剧的变化，就干脆闭上眼睛享受它们。

我说的并不是名誉和荣耀，因为从本质上说，体育运动跟名誉、荣耀其实没什么关系。我说的是，我渐渐发现了自己的才华。

我相信，每个人都有各自的才华、天赋，有些人甚至拥有多种才华，有的是艺术，有的是音乐，有的是数学，有的是医术。最重要的是，你得去发现自己的才华，将其不断锤炼完善，然后，如果运气好的话，去施展这些才华并得到别人的认可。而在1956年至1958年时间里做到这一点，是我一生中最好、最满意的一件事。

从很多方面来看，我的经历并不具有典型意义，但我有很多朋友，他们有的是医生，有的是商人，有的是老师，有的是护士，他们曾跟我说，他们发现自我的过程其实跟我是类似的。那种不断超越、最后在同类人中脱颖而出的愉悦感，是每个人都能感觉到的。人世间没有什么感觉能与之相比，并且，不论有多少人看到你的变化，是6万人，还是0个人，都无关紧要。如果你能发现自己所擅长的事，你就会感到高兴，只要还有一口气在，你的心里就总是充实的。而对我而言，以及对全世界无数男孩、女孩而言，这件事就是踢足球。

3

那天，当我第一次踏上桑托斯球场的时候，就觉得一个大场面即将到来，当时我甚至觉得自己一下子长高了一大截。

我们到达的那天是星期天，球场里正有一场桑托斯州的联赛——亦即我的俱乐部所在的联盟，对阵双方是桑托斯俱乐部和商业体育俱乐部。瓦尔德马为我们仨找了几个位子，我坐了下来，心怀敬畏地看着比赛。我从未看过这种水平的比赛，更不用说是在现场观战，当然那时也没有电视。比赛的节奏很快，似乎都不像是真的。我曾听说过其中的几个球员，其中就有雅伊尔·达·罗萨·平托，在1950年那次巴西队失利的世界杯上，他就是国家队的一员。我目不转睛地看着比赛，不敢相信自己即将跟这些人一起踢球。

比赛结束后，瓦尔德马带着父亲和我走下看台，来到球员休息室里。他向我们介绍了球队的主教练——路易斯·阿隆索，人们都叫他卢卡。然后，我见到的第一个球员就是沃尔特·瓦斯康塞洛斯，他是一名优秀的攻击型中场，在他的职业生涯中，共为桑托斯俱乐部打进一百多个进球。他穿着10号球衣，这个号码一般属于场上的指挥官，他负责组织球场上的攻防，其职责相当于橄榄球的四分卫。

瓦斯康塞洛斯搂着我的脖子，朝父亲咧嘴一笑。

“别担心，”他低声说道，“我们会照顾好他的。”

我笑了笑，感觉轻松了很多。但接着又紧张起来——我还没明白是怎么回事，父亲就拥抱了我一下，跟我道别。

“这里很好，”他轻声说道，“你能成功。”

然后，就这样，他跟瓦尔德马走出了更衣室，回巴鲁，回到我至今唯一熟悉的生活里去了。

我站在原地，眼望着大门，似乎盼着他们俩从门里走回来。就在这一刻，我的童年仿佛结束了。从一定意义上讲，童年的确结束了。

说实话，父亲走后的几个夜晚，我感觉非常孤独。我就住在球场里，露天看台的下面就是俱乐部的单身宿舍，舍友们都很好，他们想方设法让我过得舒心一点儿。但这里跟家里不一样，房间很暗，墙上没有照片，我见不到亲人，也吃不到家里的豆米饭。一到晚上，我就想念父母、弟弟妹妹，还有“九月七日镇”的队友们。

有一天早上，我想逃回巴鲁去。我走到了球场大门处，却被球队的一位管理人员叫住了。他叫萨布琴霍，是个心肠很好的人。他说因为我还未成年，所以需要书面许可才能离开球场。我告诉他不要紧，我回头再给他拿来。当时真不知道我是怎么想的，我身上没有钱，其实哪里都去不了。幸运的是，萨布琴霍识破了我的小诡计——说实话，是个人就知道我打的是什么主意——并把我带回了宿舍。

我的生活暂时都很平淡，没有什么明显的转变，没有什么人生的顿悟，也没有比赛的胜利。我只是一天天训练，注意力全都在足球上面。有时候早晨醒来，我感觉脑袋都晕乎乎的，手脚似乎都不会动了。但每次我都挣扎着下床，踏上训练场。一旦开始运球、传球、射门，我就立刻清醒过来，每次都是这样。

桑托斯俱乐部说我太小了——身材太单薄，只有 108 斤——跟球队踢什么样的比赛都不合适。开始的时候，老球员们总是让我给他们端咖啡、拿烟、拿汽水，把我当成跑腿打杂的小孩，而不是队友。他们让我跟年轻的球员一起训练，而后来我发现，我完全有能力跟队里的顶级球员匹敌。

在一次训练中，卢卡教练让一个名叫弗尔米加——外号“蚂蚁”，是个非常好的防守队员，甚至为巴西国家队踢过球——的球员盯防我，我成功地摆脱了他的防守，打进了几个球。

“很不错，小子，”卢卡说道，“继续努力。多吃！老天，你得变壮一点儿。”

这个要求倒是很容易实现。队里的伙食营养很好，有鸡肉、牛肉，这是我第一次能每顿饭吃到这些东西。我看到什么就吃什么，同时继续健身。桑托斯俱乐部有一个健身房，我在那里学习空手道，它能帮助我学会如何正确起跳，而更重要的是，对一名足球运动员来说，我能学会如何正确落地。我身上开始长出肌肉，我的腿也变得粗壮了，不久之后，我的大腿就跟腰一样粗了。同时，我继续练习从小就从父亲那里学会的足球基础。我一天好几个小时都待在球场上训练，甚至在别的球员都离开了，我还要加练一会儿。

我心里想的是，即便远离家乡，我也要做爱做的事。

我很快乐。

而且，我自己都没有意识到，我正在攀升。

4

父亲常对我说，要想在足球上获得成功，才华是很重要的，但仅有才华也是不够的。他的足球生涯就证明了这一点。他还常对我说，运气也是一个重要因素。1956 年过半，每当我思考该怎样才能代表桑托斯球队上场踢球时，他这些话就在我耳边回响。

我的首场比赛是为桑托斯青年队踢的。我打进了几个球，这已足够向俱乐部证明我通过了试训，可以得到一份合同了——虽说这是不合法的，因为我当时还未成年。又踢了几场青年队的比赛之后，我的机会终于来了。桑托斯主队要到邻市库巴唐踢一场练习赛——所谓的“友谊赛”，而队里有几名主力球员去不了，所以，我就首次穿上了一队的球衣上了场。我们 6 ∶ 1 获胜，我打进了 4 个球。

从那以后，其他球员对我的态度就发生了变化。另外，桑托斯的媒体也开始注意到我，他们报道说，一个来自内地的小孩在足球上的表现令人惊讶。话语传开，我们训练时的观众都达到了 1 万多人，比以前多了一倍。

1956 年 9 月 7 日是巴西的独立日，也是我跟故乡小伙伴们成立的球队用的名字，那一天，我第一次正式作为桑托斯俱乐部的球员上场，对阵的是科林蒂安斯。这个科林蒂安斯并不是那个著名的“科林蒂安斯”俱乐部，只是与之同名的一个小俱乐部，来自圣保罗州的圣安德烈市。我刚上场，桑托斯的优秀球员之一——佩佩，就射门了，对方守门员把球扑了出来，我将弹出的足球踢进了网内。这是我作为职业球员的首个正式比赛进球，是我职业生涯中 1280 个进球中的第一个。我太激动了，在球场上奔跑着，挥舞着手臂庆贺。比赛结束时，科林蒂安斯的球迷都站了起来，为我们鼓掌。他们的球员也都很好，纷纷走上前来向我表示祝贺。

这是一个很好的开端。桑托斯的媒体开始公开呼吁，让球队多派我上场，市里的人们也都认识了我，常常问我什么时候能经常参加比赛。

我还要等。最初我在桑托斯队踢的位置是 armador，即支援型中场，可现在我更多地被当成攻击型中场使用，即场上的 10 号。问题是，桑托斯现在已经有两个非常优秀的攻击型中场了，即德尔维奇奥和瓦斯康塞洛斯，后者就是那个在我到球队报到第一天时搂着我的脖子热情欢迎我的那个人。

因为父亲的经历以及带给我们全家的影响，我很痛恨接下来发生的事。一天下午，在主场与圣保罗队的交锋中，瓦斯康塞洛斯跟对方球员狠狠地撞在了一起。看着他在球场上翻滚的情景，我们都意识到了其严重性；事实的确如此，他的腿断了。

而瓦斯康塞洛斯的受伤恰恰给了我上场的机会。1957年新赛季开始，而瓦斯康塞洛斯的伤还没好，所以我取代了他的位置。从此我再没有退出过主力位置。

瓦斯康塞洛斯是一个完美的绅士，几年后，有记者问他事情的经过，他说：

“桑托斯的10号是我的，这一点毫无疑问。直到有一天，一个小细腿的黑小孩来了，后来他走入历史，成了‘贝利’。”

5

多年以来，对“贝利”这个绰号的来历，有很多离奇的解释。其中一个说，这个名字出自盖尔语，意思是足球。这个说法很不错，但它无法解释为什么一个来自巴鲁的男孩要叫这个名字。另外，“贝利”在希伯来语中的意思是“奇迹”，这个解释也跟上面一样说不通。还有个复杂的解释是，一伙儿土耳其商人曾在巴鲁看到我跟伙伴们踢球，那时我不小心手球了，于是他们就说了“Pé”——在葡萄牙语中的意思是“脚”，“le”——也许在土耳其语的意思是“傻瓜”。其实，这种说法也讲不通，但信不信由你，在此前出版的很多与我有关的书里都采用了这个解释。所以，我在这里将其转述一遍，让大家看看多年来关于绰号的来历是多么令人困惑。

那么，事情的真相是什么呢？

其实，这个真相有点令人失望：没有人知道“贝利”这个名字是怎么来的。因为，“Pelé”这个词根本就不是一个词，在葡萄牙语里什么意思都没有。但是还有一个解释，出自我的舅舅豪尔赫，似乎比其他解释更可信一点儿，而这个说法跟我小时候在巴鲁踢街球是有关系的。

在前文中我曾提到过，小时候我经常在球场上充当守门员，因为，如果我整场比赛里都参加进攻，我所在的一方总会大比分获胜，而对面的孩子们就不愿意玩了。而在当时，父亲所在的半职业球队里的守门员有个外号叫“Bilé”，所以，在我守门的时候，另一方的小孩们就会说：“嘿，他把自己当成 Bilé 了！”“看啊，Bilé 又救了一个球！”小孩子们吐字不清，里面的元音和辅音说不清楚，于是，“Bilé”就变成了“Pelé”。不久以后，这个绰号就在球场上永远伴随着我了。

长大之后，我很不喜欢这个绰号。因为它是一句废话，没有任何意义。另外一个原因是，我对“埃德森”这个名字很是自豪，因为它跟著名发明家的名字一样。后来，我甚至会跟叫我“贝利”的孩子打架。如果非要有个绰号的话，我宁愿被人叫作“迪科”。还有一段时间，我在球场上被人叫作“Gasolina”[1]，也许是因为我跑得快吧。可是不论我用什么办法，都摆脱不了“贝利”这个名字。

在我来到桑托斯以后，很多事都跟以前不一样了，我也开始用另一种眼光来看待“贝利”这个名字。

---

1 即英语词 gasoline，“汽油”。

也许理解起来有点难度，我来解释一下：在我的职业生涯即将开始的时候，我开始将“贝利”看作另一种身份。“埃德森”是一个来自巴鲁的穷孩子，是唐丁霍和塞莱斯特的儿子，他非常想念故乡的家人；而“贝利”是一个渐渐升起的明星，虽说还是个少年，但很快会变成一个体育偶像，甚至是世界上最著名的运动员之一。“埃德森”很缄默、害羞，但“贝利”要在千万人面前踢球、在镁光灯下微笑。他们俩是同一个人，但属于不同的生活——一个是我熟悉的，另一个是全新的、不断变化的，有时甚至是吓人的。

这种想法是不是很疯狂？也许吧。但请大家注意，在成为桑托斯的主力球员时，我才刚刚16岁，却一瞬间成了轰动性人物——第一年我就成了球队的最佳射手。而当时是上世纪50年代末，电台等媒体在巴西还是个新鲜事物；我们第一次有了一种流行文化，而我恰恰身处中心位置。一夜之间，我就被记者、球迷以及要跟我交朋友的人团团围住了。现在我们的社会已经习惯了各种名人大腕，甚至会对其冷嘲热讽，但在当时，从没有人有过被人热捧的经历。对像我这样的小孩来说，对这一切都无能为力；我说的不是足球，因为在球场上，我有很好的掌控能力。所以，我将“贝利”当作一个防御机制，一扇将我与外界隔开的栅栏；它能让我保住自我，不会迷失，“贝利”能让“埃德森”保持清醒。

多年以来，我常常会用第三人称讲述“贝利”，这件事令人十分不解。“贝利今天打进了两个球……”“贝利很高兴能来柏林……”这样表达常常是很有必要的。身为“贝利”，有些事情很难理解，有时候我自己都无法理解。能受到万众的爱戴和仰慕，我深感荣幸，我一直都将全世界人民对我的美好祝愿看得无比宝贵，正如一位叫诺曼·卡特勒的作家曾这样写道：“在这一个半小时里，他得到的英雄般的崇拜甚至比平常球员一辈子得到的还多。”可是，我不敢把它当成理所当然的事。上天赐给了我出众的足球才华，而利用这些才华让尽可能多的人感到快乐一直是我不敢掉以轻心的职责。正因如此，时至今日我都不会拒绝别人跟我合影或要签名的要求。

多年以来，我曾目睹很多离奇的事，一些超出了平常的球员与球迷关系的事：曾有成年人因见到我而泪如雨下；我曾在大型比赛结束时被球迷扒光身上的衣服去当纪念品；我曾被尖叫、哭泣的女球迷团团围住；而据推测，非洲某个冲突地区甚至因为我要在那里踢球而宣布暂时停战。

上世纪 70 年代，我住在美国纽约，那时我常常去儿童医院看望生病的孩子们。有的孩子已经几个月没能下床了，而在我走进房间时，他们竟然站了起来，像是痊愈了一样；他们的眼里闪着光辉，对我说：“我要当一个著名的足球运动员！我要进很多球，就像你一样，贝利！”

天哪，这些孩子，有的是晚期癌症，有的是被截了一条腿，可当我望向他们的父母时，看到的是同样的眼神，似乎他们对孩子的话深信不疑。于是我回过头，聚集起所有的信念，对那些孩子说：

“对，孩子，你出院以后会成为一个优秀的球员，就像我一样。”

这些经历都是我的荣耀，有些是我一生中最宝贵、最充实的事。天哪，现在回想起来我都要哭出来。但是，那些孩子并不是因为见到一个名叫“埃德森”的巴西人而兴奋，他们鼓起最后的气力，为的是见一见“贝利”，那个足球传奇人物，他们的偶像。这种事绝不是一个人能承受得了的，而多年以来作为“贝利”背负着这么高的期望值活着，不亚于我在球场上承受的任何挑战。

6

一天下午，我下楼到桑托斯球场的经理办公室去给家里打电话，这种电话我每周都要打一次。

电话是父亲接的，他似乎有点上气不接下气。

“迪科，”他说道，“我听说你被招进国家队了！”

我兴奋地大叫起来，甚至就在办公室里跳起了舞步。这意味着我能代表国家队出战 1958 年的世界杯了，而我刚刚 17 岁!

“等——等一下，儿子，别激动，”父亲接着说，“不过不是很确定。”

“你……我……什么？”

父亲给我解释着，我的心都快蹦出来了。当时父亲坐在家里听收音机，这时播音员念到了此次招入国家队的人员名单。但父亲没听清到底他念的是“Pelé”还是“Telê”，后者是里约的弗鲁米嫩塞队球员。

“也许你该去问问球队的管理层，”父亲建议道，“记得给我回电话。”

我放下电话，在俱乐部办公室里四处乱跑，想找个人——随便一个人——问清到底怎么回事。开始时碰到的两三个人只是朝我耸耸肩，说他们什么都没听说。最后，我找到了摩德斯托·罗马，他当时是俱乐部的主席。

我向他说明了自己的困惑，他大笑起来，笑个不停。

“噢，他（播音员）念的绝对是‘贝利’，”他解释道，“几个小时前，我接到了一个电话。祝贺你，孩子，你进国家队了。”

这个可恶的绰号！[1]

1　作者的意思是他的绰号与“Telê”发音相似，差点让他空欢喜一场。

7

能被国家队招入，我感到非常荣耀、非常激动，但也知道我们面临的是什么——大麻烦。

马拉卡纳球场的失利已经过去 8 年时间了，但巴西还没有从中复原，一点儿都没有。我们参加了 1954 年世界杯，那届世界杯在瑞士举行，因为它没有受到二战的影响，有能力承办这项赛事。1954 年世界杯有很多值得注意的地方，首先它是第一届电视直播的世界杯，还有就是德国获准参赛。但是巴西队仅仅止步于四分之一决赛，以 2 ： 4 输给了当时被称作“华丽的马扎尔人”的匈牙利队。而匈牙利队在决赛中又输给了西德队。

对这次世界杯，巴西国民倒是没有表现出过多的狂热，事实上，全国都是对其无所谓的感觉。由于时差原因，球赛都是在巴西的深夜举行，而只有少数巴西人拥有电视，并且，从瑞士传来的电台信号太差，收音机听球的效果也不好。但说到底，巴西国民对此次世界杯如此冷漠的原因非常明显，那就是他们仍然未从1950年世界杯的创伤中恢复过来，很难对1954年的国家队付诸热情。

1954年世界杯之后，就是参加1958年世界杯南美赛区的预选赛。在对阵同一大洲的球队时，巴西队表现出的完全是一副“遇弱则强、遇强则弱”的样子。1957年，巴西7∶1大胜厄瓜多尔，9∶0大胜哥伦比亚，却以0∶3输给阿根廷，更令人痛心的是，我们以2∶3输给了老对手乌拉圭。在只需一场胜利就能锁定世界杯席位的时候，我们仅以微小的优势战胜了秘鲁——2∶1。在此期间，球队的人员组合杂乱无章、眼花缭乱，还经常更换主教练：3年时间里换了7个！在距离瑞典世界杯仅仅还有4个月的时候，主教练的位子还是空的。

国家队让我们在4月7日到里约报到。除此之外我们一无所知，真是有惊喜在等着啊！到了里约之后，我们不是去训练场开始练球，而是被直接送到了当地一家医院。

在那里，我跟其余32名球员接受了一系列专家五花八门的检查——神经病医师、放射科医师、牙科医生、心脏病专家……戳、刺、揉、X光、面试……医科检查是整个筛选过程的开始，目的是淘汰掉11名球员，剩下的22个人去瑞典。

而其背后的原因是大家都不能说出口的：这些测试都是1950年世界杯直接导致的。也就是说，如果巴西在那届世界杯上因为长久的贫困和落后而输给了乌拉圭，那么现在，我们就要用上所有能用的科学手段，把身有瑕疵的球员尽早筛掉。其实，这件事说起来容易，但做起来很难。下面就让我为大家简单介绍一下上世纪50年代中期巴西的状况：在一些农村地区，有一半的婴儿活不过周岁；三分之一的人患有钩虫病[1]；人均寿命只有46岁，而美国当时是70岁。所以，尽管这33个到里约报到的人表面上看起来都是健康的运动员，医生们还是要看看我们身上是否潜藏着疾病。

为达到医生“理想运动员”的标准，好几个球员被拔了牙，有些则是切了扁桃体，还有几个因为身体状况被送回了家。

最后，还有两个人需要经过特别审查。

其中一个是曼努埃尔·弗兰西斯科·多斯桑托斯，他当时在博塔弗戈俱乐部踢球，外号“加林查”，或“小鸟”。第一眼看上去，加林查就是医生寻找的病号代言人——他脊椎畸形，左腿比右腿短约6厘米，而右腿则向内弯曲。当初要不是正在意大利踢球的边锋朱里霍说应该让在国内的球员代表国家队出战，加林查根本不可能被招进国家队。医院里大大小小的医生都来检查加林查的腿——上面都是被对手撞伤、踢伤的疤痕。另外，加林查在心理适应性测试中得分很低。还有，他在“职业”一栏中填写的是“atreta”或“athrete”[2]。

1 钩虫病是由于十二指肠钩口线虫或美洲钩口线虫寄生于小肠内所引起的疾病。临床上以贫血、营养不良、胃肠功能失调为主要表现，重者可致发育障碍及心功能不全。

2 葡萄牙语“运动员”应为atleta，此处是说加林查文化水平不高，写错了。

说实话，如果把拼写作为测试标准的话，巴西国家队没人能去 1958 年世界杯！医生在经过仔细考量之后得出了结论：尽管他的腿看上去很吓人，但运转起来还是没问题的。加林查就这样留在了队里。

第二个被放到显微镜下检查的人？也许大家都猜到了，是的，就是我。我的身体机能和运动技巧都还不错，但在衡量意志力的行为学测试中却表现欠佳。这项指标很重要，因为正是缺乏斗志和勇气才让我们丢掉了 1950 年的世界杯。而没有人愿意体谅——17 岁的我是这届世界杯上年龄最小的人。

负责此次测试的是社会学家乔伊奥·卡瓦雷斯，他的“判文”没留丝毫余地：“贝利太幼稚了，”他如此写道，“他缺少必需的斗志，又太年轻，体会不到别人的侵犯并做出适当的反应。此外，他还不具有团队精神所需的责任感。”

“我建议不要带他去瑞典。”他如此结论道。

幸运的是，最终当选 1958 年巴西国家队主帅的维森特·费奥拉是个凭直觉办事的人。在读过卡瓦雷斯的报告之后，他回复道：

“你也许是对的。但你对足球一窍不通！只要贝利身体健康，我就要带着他。”

8

我们的训练很严格，球员们也都精神饱满，似乎已经走出了1950年世界杯失利的阴影。在离出发去欧洲只有3天时间的时候，我们只需再跨过另一个障碍：最后在圣保罗的帕卡恩布球场跟科林蒂安斯——巴西最大、最著名的俱乐部——踢一场热身赛。

我们本不该踢这场球。

时至今日，我仍然无法理解为什么球队会安排这样一次热身赛。此前我们已经跟很多国家队踢过很多场热身赛了，其中包括保加利亚和巴拉圭，我们已经准备好了。而跟本土一家像科林蒂安斯这样拥有大量球迷基础的俱乐部踢球无疑会对国家队造成古怪而不利的影响：我们将在巴西土地上受到“对方”球迷的嘲弄。雪上加霜的是，科林蒂安斯的球员和球迷早就对国家队心怀怒气：他们最受欢迎的球员路易济尼奥没有入选国家队。

国家队踏上帕卡恩布球场的时候，我们遭到了全场球迷的嘘声；而在我们进球之后，他们的倒彩声更大了。比分到了3∶1的时候，很多球员已经在考虑穿什么衣服去瑞典，这时，我在对方半场接到一个传球，带球向禁区跑去。我都没有看到对方的防守队员——阿里·克莱门特——倒地朝我铲过来。

我感觉好像是被烧红的针深深地扎进了右膝盖一样。我倒在地上翻滚着，痛苦地叫着，这时球队的助理教练朝我冲来。

“你能站起来吗，小子？”

我很疼，也很害怕。我首先想到的是父亲。他的首场大赛就是伤在了同一个膝盖上。这难道也是我的天命吗？

“没事，没事。”我说道，努力让自己安下心来。

但是，当我准备站起来时，膝盖一受力，又坐倒了。助理教练们交换了一个心照不宣的眼神，把我带离了球场，回到更衣室里。我哭得像个小孩子一样。

我坐在帕卡恩布球场昏暗的训练室里，擦干眼泪，膝盖放在一个金属桌子上；在此后的岁月里，在所有我参加的大赛里，我都未有过如此紧张不安的时候。球队的医务人员——队医希尔顿·戈斯林、受人爱戴的理疗师马里奥·亚美利哥——把冰袋放在我的膝盖上，沉声交谈着。

“别担心，”马里奥对我说，“我们保证你能好起来。”

他只是在安慰我罢了，没有人知道我的膝盖会怎样。

毕竟我们还在巴西，还有 11 名球员——包括路易济尼奥——等着代替我的位子。把我留在巴西是个最简单、最合理的决定了，而后来我还得知，他们几乎就要这么做了。国家队已经选定了为瓦斯科达伽马队效力的阿尔米尔来替我。

最后，戈斯林医生告诉教练组，说我的膝盖情况很不好。我在 1 个月时间里不能上场踢球，也就是说，所有在欧洲的热身赛，也许还有世界杯开始的前两场比赛我都不能上场。但戈斯林还对他们说，我很年轻，身体又很健康，也许，仅仅是也许，我会比预期时间更早康复。

教练组对此进行了细致的讨论，最后认为——值得为我冒这个险。如果我是教练，都不敢做出这样的决定。但是，多谢上天的眷顾，多谢医生和教练的信任，我的人生从此发生了改变。

9

小时候，我曾梦想成为一名飞行员。巴鲁镇上有条飞机跑道，很多个下午，我就坐在跑道边上，看着飞机和滑翔机起起落落，有时候还逃课去看身穿皮夹克、戴着飞行员眼镜的飞行员。这一切都是那么迷人，仿佛一扇通往更新、更精彩的人生的大门。

有一天我听见有人大叫，说一架滑翔机出事了，这恐怕是时至当日巴鲁最轰动的新闻了。我跟小伙伴们立刻跑到事故现场，在近处看着着火的飞机。接着，我们又跑到医院，从脏兮兮的窗户外向里看去。飞行员已经死了，尸体就放在解剖床上。我呆住了，因为这是我第一次见到真的尸体。医生要把那个可怜的家伙的胳膊挪开，可能做起来挺困难，因为尸体已经僵住了；于是医生就把胳膊猛地一拉—— 一股血液喷到地板上。我跟小伙伴们都惊叫起来，逃命一般跑回家里。此后几个月，甚至数年之后我还会因此做噩梦。

说到这里，大家可能猜到了——这次经历让我很久都不敢坐飞机。所以在 1958 年 5 月 24 日，随巴西国家队乘坐泛美航空公司的 DC-7 前往欧洲是我的首次飞机之旅。我拖着步子走上舷梯，右膝裹着厚厚的绷带，心里却万分紧张，因为，我有可能会因为受伤而打不了比赛。我会不会在抵达欧洲之后就立刻被送回家？我的胃抽搐着。

飞机起飞之后，我的心情逐渐好起来了。队医马里奥·特里戈是一个很风趣的人，他组织大家一起做智力问答游戏——他问我们问题，我们则胡乱答出五花八门的答案。中途我们在巴西东北海岸的累西腓市加燃料，我看见机场上聚集了好几千人，他们唱着、欢呼着，祝我们好运。先前与科林蒂安斯俱乐部比赛遗留下来的酸楚被他们冲淡了很多，我们的信念加固了——我们身后是整个国家的支持。

队员们之间的纽带和友情也建立起来了，这对一个球队，尤其是国家队来说是很美好的一件事。说到凝聚力，没有什么能比得上共同代表国家出征的荣耀了。在巴西，我们的纽带大都体现在互相起外号上面，即便他们早已有了两三个外号也难逃此劫：吉尔马是“长颈鹿”，因为他脖子很长；德索迪是“大头”，因为他脑袋很大；迪诺·萨尼是“膝盖”，因为他秃头，而他光亮的脑壳很像膝盖……有些外号过于粗俗，这里就不写了。还有，迪迪是“黑苍鹭”，马佐拉是“石头脸”。而出于对我膝伤的反讽，大家都觉得把我称作“Alemão”——“德国人”——最滑稽。

我们欧洲之行的第一站是葡萄牙首都里斯本，在那里飞机要补充燃料。然后是意大利，在那里我们跟两家俱乐部——佛罗伦萨、国际米兰——踢热身赛，因为膝伤，这两场比赛我都未上场。在比赛之前，我们坐着一辆大巴游览了罗马，也成了当日罗马“一景”—— 一群来自巴西农村的男孩子，在西方文明的发源地大吵大叫又大笑，跟一群疯子一样。我们去看了圆形大剧场[1]、许愿池[2]，还有其他著名景点。说实话，这些风景名胜对我们的吸引力不大，游览还没结束，我们就开始叫嚷着：“午饭！吃饭！吃饭！”最终教练组妥协了，带我们去了一家意大利餐馆，接着就是大盘大盘意大利面被消灭干净。这才是我们喜欢的东西。

我们对外面的世界了解不多。反过来说，外界对我们的了解也很少。几天后，当我们抵达瑞典，入驻酒店之后，发现主办方在酒店外面升起了参赛国的国旗——苏联、英格兰、威尔士……都毫无问题地飘在空中。但是巴西的国旗挂错了，他们挂的是蓝、绿、黄三色旗，但是旗子中央不是圆形的天球仪，而是一个方形图案，还放错了位置。

当时我跟球队的尼尔顿·桑托斯、扎加洛、吉尔马等几位年长的球员站在酒店外面，他们当中有个人指了指巴西国旗，我们都愣在了那里。接着有人窃笑起来，然后大家哄堂

1　又称科洛西姆斗兽场、大角斗场、罗马竞技场，位于今天的意大利罗马市中心，是古罗马时期最大的圆形角斗场，建于公元 72 年至 82 年间，现仅存遗迹，是古罗马建筑的代表作之一。

2　意大利罗马市内最大的也是知名度最高的喷泉。

大笑。最后，吉尔马，我们的守门员，说：

“可恶。我想咱们最好让他们把国旗换掉。”

吉尔马当仁不让地去找主办方了。一会儿，他们就颇有礼貌地将国旗换成了正确的。这其实是个无心之过，但大家都明白了一件事：要增长见识的人，不仅仅是我们。

10

站在今天这个Facebook、Google、YouTube、CNN等媒体覆盖全球的信息时代，回头去看看当时人们对其他国家的了解竟然是那么少，真是很令人惊讶。在1958年，电视机属于奢侈品，只有少数欧洲上层人士家里才有，在巴西则更少了。所以，在瑞典，以及在此后几年我曾去过的国家，我们不仅仅是足球运动员，还是外交大使。对绝大多数人来说，不论他们是在看台上看我们踢球，还是在大街上遇见我们，这都是他们第一次见到巴西人。在那些年里，世界上数百万、数千万人开始了解我们的国家，正是通过足球这项体育运动。这是一个了不起的责任，同样也充满了乐趣。

我关心的还是自己的膝伤。腿上绑着冰袋，我有大量时间可供挥霍，何况，距离正式开赛还有6天时间。所以我就跟其他年长的队友到市里面溜达。很快，我们就喜欢上了这个陌生的新世界。

当然，国家队的管理层在我们如何安排时间上与我们的看法截然不同。他们想让我们把心思都放在球赛上面。他们也许是想把所有类似 1950 年夺冠失利的苗头都扑灭。他们给我们制定了太多规章制度，比如，我们不准带铃鼓等乐器上飞机。“巴西国家队要去的是瑞典，不是桑巴舞学校。”记者鲁伊·卡斯特罗在《孤星传》一书中如此写道。另外，我们还不准在规定时间之外与媒体交谈，不能把报纸、杂志带到训练场。家里给我们寄来的信件，管理层都会先拆开看一遍，确保里面没有影响我们心情的事情，才会把信交给我们。每周我们只能跟家里打一次电话，时间最多 3 分钟……

球队管理层对我们的管制近乎滴水不漏，但还有一些问题是他们力不能及的。比如说，戈斯林医生向我们入驻的酒店要求，将他们的 28 名女性雇员换成男性，这个要求还不算过分，对方照办了；但球员们很快就发现了更厉害的“干扰因素”：附近湖中有个小岛是裸体主义者的活动场所，而从酒店窗户望出去，他们的一举一动尽收眼底。戈斯林医生就向当局反映问题，说能不能在巴西队入驻期间让这些人多少遮挡一下身体。这个要求被婉言拒绝了。结果就是，球队里有些人买了望远镜；此外，还有其他一些情况。

有过第一次接触之后，那些瑞典姑娘的热情就无法阻挡了。当时还只是 1958 年，但似乎瑞典早就跨进了 60 年代。瑞典女性都很漂亮，也非常开放，这在巴西是绝不可能遇到的事。令我们诧异的是，我们球队里最受欢迎的并不是那些身材高大、相貌英俊的球员，而是我们三个黑人——迪迪、莫阿西尔和我。她们见到我们就跑上来，或者要求合影，或者索要签名，或者只是聊天。我们不懂瑞典语，她们不懂葡萄牙语，我们仨会的英语加起来也就 6 个单词。但那些姑娘似乎并不在意。我猜这是因为她们此前从未见过黑人。有些女孩甚至伸出手摸我们的胳膊和脸，而这当然会引起其他队员的哄笑和调侃。

“贝利，跟她们说，你是不会褪色的！你走到大雨里也冲不掉！”

这样的话放在今天也许有冒犯之嫌，但在当时这真的只是在见到新事物时的单纯想法。而那些女孩也真的因我们不褪色的黑皮肤而感到惊讶！我甚至还跟一位美丽的瑞典女孩产生了情愫，她名叫伊莱娜，也是 17 岁。因为语言不通，我们的交流不是很多，但她的笑声总是不断。我们手拉手在市里闲逛，这边看看，那边望望，经常笑得我的脸都疼了。我们因能够相识而激动，也因能够身处世界杯这一激动人心的全球性的重要赛事而兴奋。我记得，在我离开时伊莱娜哭了，我很伤心，又像成年人一样心感激动，因为世界上第一次有一个人因为恋情而将我挂念。

最后，球员们想到一个办法绕开了球队有关外界交流的禁令。有一天我们一伙人出去购物，那时巴西的商店不像现在有这么多的进口货物，当时巴西是封闭式经济，所以，进口的东西都非常贵。我们看到很多新奇的好东西，其中有一个比较超前的新发明：装电池的收音机。那天下午我是跟加林查（那个腿部弯曲的球员）以及尼尔顿·桑托斯（加林查在博塔弗戈俱乐部的队友）在一起，我们试了试收音机，打开电源，看看喇叭好不好用，这时加林查脸上露出吓人的表情，好像嗅到了尸体味一样。

“我不买这个，绝不！”

尼尔顿转过身来，奇怪地问道：“为什么，加林查？”

“里面说的东西我一句都听不懂！”

我们愣了片刻，然后才明白过来——收音机里传出的，当然是瑞典语节目的声音。

“别闹了，加林查！”尼尔顿喊道，笑得肚子都疼了，“你把它拿回巴西，它就说葡萄牙语了！”

加林查摇了摇头，仍然面带疑惑：“不可能的，伙计。”

我也笑了起来，但这种弱智错误我也会犯。正像前面我说过的，那是个与现在截然不同的年代，我甚至都不敢相信这样的年代曾经出现在我的人生里。

11

1958 年世界杯正式开始的时候，我跟加林查发现自己被钉在了同样的地方——板凳上。球队管理层认为加林查情绪不稳定，不适合跟首个对手——以诡诈多端而闻名的奥地利队作战；而我不能上场的原因仍是膝伤未愈。戈斯林医生对我说，要想尽快上场踢球，就得忍受一系列痛苦的治疗，其中包括把很烫的碗扣在我的膝盖上。大家要知道，他可是当时世界上最好的体育医师了，也就是说，当时的世界仍然非常落后。但我忍受下来了，没有一句怨言。我太想上场踢球了。

第一场比赛中，巴西队踢得很好，最终以 3 ∶ 0 击败了奥地利队，马佐拉进了 2 个球，尼尔顿·桑托斯进了 1 个——他的表现显然并未因此前购买的“违禁品”而受到影响。但在第二场比赛中，巴西队表现得很平庸，最后以可怕的 0 ∶ 0 收场。之所以说可怕，是因为从此次世界杯开始，世界杯的赛制改成了小组赛，每个小组的 4 支球队中，排名最靠前的 2 支进入下一轮。而此场比赛打平了英格兰队，我们得把其余两支球队全部打赢才能保证晋级。

当我得知如果下场比赛输掉，我们就得打道回府时，我慌了，我的膝盖为什么还不好?

谢天谢地，球队里的老兵消除了我的担忧，尤其是弗拉迪尔·佩雷拉——“迪迪”，即便是在那时，他对我的能力总是抱有安定、宽容而出奇的信任。他那时 30 岁，是球队里最年长的球员之一，按照职业运动员的衡量标准来说，他岁数太大，球队管理层差点就把他排除在国家队之外，因为他们觉得他早就过了巅峰期。但迪迪的经验和风度正是我们这个年轻而躁动的球队不可或缺的元素——他冷静镇定、从容不迫，很多人都把他比作球场上的爵士乐大师。他有个外号是“埃塞俄比亚王子”，比起“贝利”，这个外号要好上一千倍。而我对迪迪在 1958 年世界杯上的功勋心怀感激，正是他保证了受伤的我能有上场的机会。

“属于你的时刻会到来的，小子，”他总是拍着我的后背这样说，好像我根本无须担心一样，“放轻松，养好膝盖。”

这是个很好的建议。我去找队医戈斯林，在他观察之下做了些常规动作。他并没有说什么，但我能看出来，我的膝盖恢复得不错。比赛前一天，济托——我在桑托斯俱乐部的队友——找到我，对我说：“我觉得咱们上场的时候到了。”我仍不敢相信。一会儿，代表团的一个领导找到我，把手放在我的肩上说：

“准备好了吗，孩子？”

我笑了，嘴角都咧到了耳朵根。很快我就得知，球队的管理层认为我们需要点新气象，于是终于抛弃了对加林查的成见，他也要在下场比赛中上场了。接下来就是为下个对手备战了，伙计，这可太棒了。

12

1958 年，有一个国家总是头顶极其神秘的光环，那就是苏联。在足球场上尤其如此。当时“冷战”[1]正处于白热化，苏联极力想向世界证明，他们的体制——共产主义——在各个方面都是最优秀的。就在 1 年之前，为展示他们的科技和军事实力，苏联将第一颗人造卫星送上了太空。现在，他们又要来夺取世界杯，为的是展示他们在体育方面也是无可匹敌的。

足球一直都有一个令我着迷的特点，时至今日仍然如此，那就是从国家队身上往往能看到其民族特点。从他们踢球的方式上面，我们能了解到很多有关这个国家的事情。比

---

1 指的是从 1947 年至 1991 年之间，以美国和北约为首的西方集团，与以苏联和华约为首的东方集团两者之间的长期政治和军事冲突。在这段时期，虽然分歧和冲突严重，但对抗双方都尽力避免导致世界范围的大规模战争爆发，其对抗通常通过局部代理人战争、科技和军备竞赛、外交竞争等“冷”方式进行，即“相互遏制，却又不诉诸武力”，因此称之为“冷战”。

如说，德国队常被认为是最有效率的球队，他们从不浪费一个传球或运球的机会。一位名叫布莱恩·格兰维尔的英国作家曾这样说他的国家队："英格兰队的风格，与其民族性极其相符，总是在循规蹈矩中偶尔展现出反常的天赋。"当然，说到这个话题很容易会陷到民族性评判的陈词滥调中去。但是说巴西队的风格体现了我们的民族特点，这个看法我非常赞同：快乐、即兴、不循规蹈矩（不论是好是坏）。有些观察者甚至将其与我们的民族构成联系起来——巴西著名社会学家吉尔伯托·弗雷雷在 1938 年曾如此写道：巴西队在球场上表现出的"奇异、巧妙、机敏、无常以及……个人才华和自发性"反映的正是我们"黑白混血"的民族特点。

按这个道理，苏联人将自己的球风称作"科学足球"，反映的是他们对取得世界杯与把卫星送上天一样的自信。他们的数据管理、训练模式以及对精神敏锐度的重视，让我们这些只知道拔牙、做行为学测试的土包子叹为观止。跟我们不同的是，苏联的方式已经为他们取得了战果，其中就包括 1956 年澳大利亚墨尔本奥运会的男足金牌。有关苏联人备赛的各种传说在各队大营里流传：我们听说，他们的球员能全速奔跑 3 个小时不停歇；有人跟我说，苏联人甚至在比赛当天早上练了 4 个小时的体操……

当然，有些传言只是冷战时期的宣传噱头，但我们当时并不知情。那时可不像现在，能通过比赛录像研究对手，我们唯一的信息来源就是口耳相传的故事。所以，我们真的认为是要跟一队超人同场竞技，他们在各个层面上都比我们更强壮、更聪明。

可怕的苏联队，其代表人物就是门将列夫·雅辛。而关于他的传言大都是真的，没有吹嘘的成分。雅辛身高约 1.88 米，比场上的其他球员都要高大；他整场比赛都朝人——不论是己方球员还是对方球员——大喊、下命令。他的坚强和韧劲倒是极符合苏联的特点：二战期间他才 10 多岁，那时就开始了自己的足球生涯，后来他去了莫斯科一个兵工厂上班，又在那里踢内部比赛；他同时还是一个出色的冰球守门员。雅辛的外号叫“黑蜘蛛”，一方面是因为他常常身穿黑色衣服，另一方面则是因为他经常能够扑出险球，就像长了 8 条胳膊一样。他不是宣传出来的绣花枕头，而是实打实的足球伟人；2013 年，英国《世界足球》杂志的专家组一致将雅辛评选为有史以来最伟大的门将。

如果真是用民族特点来比较的话，那么，一个像巴西这样踢着快乐、即兴足球的穷国，怎么可能打赢像苏联这样训练有素、计划周密、富裕的世界强国呢？

我们教练的答案是：硬啃。他们说的当然不是字面意思，但是他们相信，比赛一开始，巴西队就得出奇招，让苏联队找不到熟悉的节奏，如果我们能把球赛拉出科学的范围，进入人类行为的范围，那么我们还是有机会取胜的。

13

我跑进哥德堡球场，脱掉身上的训练服，这时我仿佛听到现场 5.5 万名观众发出的惊叹声。我长得太小，还是张娃娃脸，很多人也许把我当成了球队的吉祥物。我走到教练席，理疗师马里奥·亚美利哥揉了揉我的膝盖。

“挺好，”他说道，“准备上场吧，孩子。”

此前我从未如此紧张过，是，我的确很兴奋，但更令我激动的是自己终于能重新踏上球场了，而怎么踢球反而并不令我担心。

我和加林查站到各自的位置上，这时我看到几个苏联球员脸上表现出迷惘的神情。在我们两个人首发这件事上，巴西队的保密工作做得非常到位。在我们最后一场训练中，我和加林查跟首发队员一起练习，而我们事先听说有个苏联队的探子要来打探我们的情况，就突然改变了训练时间。巴西也会玩冷战呢！很显然我们的惑兵之计起到了效果。苏联人还没明白到底是怎么回事，这时哨子响了，比赛开始。

接下来就是一波急速的运转，似乎此前我从未经历过。加林查拿球迅速沿右路突破，似乎每一步都伴随着假动作和急停。他华丽的脚法、长短不一的双腿令对方球员不知所措，也无法防守——因为他的腿长得太奇怪，苏联人无法判断他下一步动作是什么。另外，加林查是个天性爱搞怪的人，他常常用诡异、杂耍般的假动作迷惑甚至戏耍对手，并从中得到快乐。从加林查第一次触球，我就听到现场的观众发出了笑声。看台上基本上都是瑞典观众，但由于加林查的表演，他们从一开始就为巴西队加油喝彩。而苏联人这时还没回过神来——他们的科学手册里并没有介绍这种情况！

加林查过了最后一名防守队员，拔脚射门，不幸的是，球打在了横梁上。片刻过后，球传到我脚下，我聚起全身力气，瞄准球门踢出——

梆！

又打在了横梁上！当时我一定是一脸心碎的样子，因为迪迪——我们当中最镇定的人——在球场另一侧朝我喊道：

“放松点，小子！我们会进球的！”

他说得对。就在这时，他发现一个空当，向瓦瓦——我们的前锋之一——送出一记漂亮的传球，后者拔脚射门，球进了。

巴西 1，苏联 0。

很难相信，在经过了这么多的来往、这么多的情感波动之后，比赛才刚刚过去3分钟。几十年报道足球赛事的法国记者加布里埃尔·哈诺特后来将其描述为“足球史上最好的3分钟”。

此后我们把节奏稍微降了下来。但比赛的节奏已经完全被我们控制了，而苏联人再也没有恢复镇定。下半场我送出一记助攻，帮助瓦瓦打进了第2个进球，最终我们以2：0取胜。如果不是“黑蜘蛛”雅辛的精彩扑救，比分的差距可能更大。

这场比赛真正的新星，当然就是后来在巴西被称作O Anjo de Pernas Tortas——“曲腿天使”——的加林查。多亏了他，我们挺进了四分之一决赛，几天之后在同一个球场里对阵威尔士队。

“祝贺你，哥德堡球场，”一家瑞典报纸赛后如此写道，“星期四，你们又要看到加林查了！”

14

战胜强大的苏联还有额外的收获：这场胜利让巴西的国民相信，也许，仅仅是也许，国家队还是可以信任的。1950年的失望、1954年的冷漠，终于开始融解，就像长冬过后乌云消散，巴西足球终于重见天日。电台开始报道我们的消息，看台上开始传阅报纸；我们的球迷又一次敢于重提冠军这个长久以来盼而不得的梦想了。

我们在球场上的表现是很重要，但在总体上说，巴西国民的自我感觉也很不错。1958年，足球并不是巴西唯一的"好事"。就在同一年，乔安·吉巴托发行了他的专辑 *Chega de Saudade*，开创了新的音乐流派：波萨诺瓦。专辑里最流行的是《伊帕内玛姑娘》，它后来成了流行乐坛的名曲。波萨诺瓦与足球一起成为巴西在世界舞台的面孔，而从某个方面来说，前者是巴西更大的自豪感来源，因为波萨诺瓦是巴西人的独创。

在后来的日子里，我曾与乔安有过交往，外界都说他是个挺难相处的人，但他很是谦和地容忍我这个外行人对音乐的热爱。我们曾在巴西和美国纽约的活动上见过几次，他的直率总是令人耳目一新。但我还是心存遗憾，因为我从未有机会跟他一起表演音乐，虽说我算不上什么世界级音乐家，但多年以来我一直在学习吉他，还特别喜欢唱歌。才华不够的地方，我就用热情来弥补。我曾跟很多巴西明星音乐人有过合作，如汤姆・若宾、塞尔吉奥・门德斯、罗伯托・卡洛斯等。天哪，我想起来了，我甚至还跟弗兰克・辛纳屈一起唱过歌！虽然我对乔安的成就心怀敬仰，也感觉跟他有些共同点，但我从未跟他合作过；在此后几十年里，在向外界宣传巴西这件事上，我们是两个成功的同代人。

在上世纪50年代末，甚至连我们的政客也有良好的表现。时任巴西总统的是儒塞利诺・库比契克，他是一个和善而能干的政治家，很多人都叫他“波萨诺瓦总统”。儒塞利诺——跟很多巴西总统一样，常被人直呼其名——决心把巴西尽快变成一个繁荣的现代化国家，他把自己的计划称作“五年相当五十年”，重点是振兴巴西的工业。似乎在一夜之间，我们就能生产厨房电器、缝纫机及其他工业产品了。这些东西在别的国家早已司空见惯，但在热带地区却并未普及。圣保罗地区开始涌现汽车厂，很快，巴西与汽车的热恋就上演了。

儒塞利诺最大的雄心壮志是要在平地上建造一个新首

都——巴西利亚。这座城市将坐落于米纳斯吉拉斯州——我的出生地——边界线附近荒凉的高原上。他的想法是逼着政客们离开里约到内陆生活，这样他们就能对巴鲁或特雷斯科拉松伊斯这些小地方增加点关注，也许从他们口袋里还会掉出几块钱，掉到穷人的手里。到那时为止，巴西的大城市几乎都是建在沿海地区，有句话形容得好——这些城市就像“海滩上趴着的螃蟹”。儒塞利诺是个急性子，他想让新首都能在1960年建成使用，而在现代历史上，还从未有过如此规模庞大的工程。我们在瑞典参加世界杯比赛时，巴西利亚的数万建筑工人正忙着建造政府部门和豪华住宅，一个独特的城市即将横空出世。这又是一个巨大的成就，似乎表明巴西已经脱离了贫穷、落后、昏暗的旧社会。

总之，此时的巴西已经准备好了一次飞跃、一次转变，而我们要做的就是不要停下脚步。

15

威尔士人比苏联人聪明了一点儿，他们在跟我们比赛时，只抱定了一个目标，那就是看死加林查。

鉴于加林查在巴苏一战中的卓越表现，这是个很不错的策略。比赛中，加林查身边始终有两名甚至三名球员在防守他，在这样令人窒息的防守下，即使像他这样才华横溢的球员也无法施展本领了。

但这种三人包夹战术也有一个明显的弊端，那就是顾此失彼，巴西队的其他球员就有了发挥的机会。威尔士队是一支很好的球队，他们防守顽强，其主教练吉米·墨菲广受尊敬和爱戴。他们在小组赛中打败了1954年世界杯上把我们送回家并最终获得亚军的匈牙利。威尔士不是一个小国吗？是的，但是，考虑到前车之鉴，1958年的瑞典世界杯上，最不能小看“小国对手”的正是巴西人！

上半场以0∶0收场。上半场我并没有得到多少机会，但迪迪后来说，他是要在上半场的45分钟里把我雪藏起来。他认为，鉴于年龄的缘故，对方球员不会太在意我，甚至会无视我的存在；在他们眼里，我只是一个毫无威胁的小孩而已。事实还真是如此，随着比赛的进展，对方防守队员的注意力似乎都从我身上消失了。迪迪就像是个出色的乐队指挥，而我就是乐队里的年轻独奏者，正等着属于我的时刻到来。

离比赛结束还有20分钟时，我的机会终于来了。也许是全场唯一的一个刹那，加林查身边只有一名防守队员，他抓住这个机会，将球传给了迪迪，迪迪又把球传给了我。当时我背对球门，而迪迪仍在向前跑，以为我会把球传回给他，做一次撞墙配合；但我没有这样做，出于本能，我用到了父亲交给我的技术——我胸部停球，未等球落地，就又将其轻轻挑起，恰恰越过防守队员伸出的小腿，“调皮”——有位比赛解说员脱口而出。足球落地、弹起，我迅速绕过那名防守队员，一脚将球踢进了球门左下角。

巴西1，威尔士0。

我高声叫喊着——这是一声长久的咆哮——朝对方球门跑去，兴奋地跳起、落地，又跳起、落地，最后跪在球门里，将足球从球网里拿了出来。

4名巴西队的队友也跑进了威尔士的球门，他们把我推倒在地上，接着又扑在我身上，把我压在下面。这时球门一侧还拥进了十多个摄影记者，他们不顾规定冲了进来，朝着在地上打滚的我们拍照。最后，一名威尔士球员走进球门，带着些许不悦，想把我们从地上拉起来，似乎是要表达——好了，伙计们，够了。

我不是幸灾乐祸，也不是要出别人的洋相，那时我已经被兴奋冲昏了头脑，我大叫、大笑，停都停不下来。我感觉身体里有个东西苏醒了，并且再也不会沉睡过去。

16

我的这个进球将比赛最终锁定在了 1 ∶ 0，我们以最小的优势战胜了威尔士队。我记得比赛结束后我得到了队友的拥抱，还得到了媒体的祝贺，再往后发生的事就是模糊一片了。我就像是被一团东西包住了，但是我没有挣扎反抗，而是任凭它占据了我的身心。

我睡觉时总是会梦到足球，而在战胜威尔士队之后的几天几夜里，我就像飘在一些奇思妙想里一样，这在以前是从未有过的。每次运球，每个传球，每次射门似乎都有无数个可能性：对某一个球的处理方式，原先我能看到 3 种，现在，我能看到 10 种；而眼前的球门宽度也仿佛拉大了十多倍。

我常常会从这样的梦里突然惊醒过来，脑子却很清醒，心情也十分愉悦，恨不得马上就跑到球场上去，把这些梦境变成现实。

17

还没等我从威尔士一战中回过神来，就再次站在了球场上——半决赛，对阵法国队。

与上一场比赛一样，上半场我仍是“碌碌无为”，而上半场也以 2 ∶ 1 的比分结束。整个上半场，负责组织调度的迪迪就跟看不见我一样。但我并不感到失望，因为我已经明白了球队的“套路”。事实的确如此，半场过后，我的机会就立刻多了起来。

下半场开始 7 分钟之后，我们的一个传球从法国球门前掠过，守门员克劳德・阿贝斯扑球脱手，正落在我的身前，我一脚将球送进了球网。这是我本场比赛的第一个进球，我不会错过这样的机会，而这也是我到那时为止打进的最轻松的入球了。

巴西 3，法国 1。

10 分钟之后，在比赛的第 64 分钟，加林查在对方半场沿着边线运球，又将球回传给了我，我把球从空中接下，赶在防守队员之前把球传了出去；经过几脚传接配合之后，我在离法国队球门 7 米左右处又接到了传球，我起脚射门，打进了自己在本场比赛的第二个进球。

巴西 4，法国 1。

又过了 10 分钟，到那时为止，全场 90 多分钟的比赛（加上伤停补时）已经过去了 75 分钟，我又从加林查那里接到一个极佳的传球。他是在对方大禁区的右侧把球传给我的，当时我距离对方球门有大约 10 米远，身前有名防守队员，但我还是晃开一个空当，把球踢进了球门的左下角，这是我本场第三个进球——帽子戏法，却只用了半场比赛的时间。

巴西 5，法国 1。

比赛接近尾声时，现场的球迷已经非常激动，虽然法国队在比赛的最后一分钟又打进一球，将全场比分改写为 5 ∶ 2，但全场球迷都在鼓掌、欢笑，还高呼着我的名字——“贝利！贝利！”这是一种因为有了新发现而表现出的高兴情绪，好像世界上突然出现了一个新生事物。

瑞典球迷的热情让我感觉仿佛是在巴西的主场踢球。他们的风度令人赞叹，因为他们非常清楚，这场比赛一结束，在决赛中我们要与他们的国家队——瑞典队，一决雌雄。

18

踩灭1950年的梦魇残喘至今的最后一丝灰烬，然后再捧起奖杯，这才是最完美的剧本。

我们的决赛对手是本次世界杯的主办国瑞典。这里就有一个难题，到1958年为止，巴西队和瑞典国家队的球衣颜色都是黄色，所以我们必须有一方改用其他颜色。巴西代表团原以为宽厚的瑞典人会让客队——巴西队——身穿原来的球衣，但事实却并非如此。瑞典人解决这个问题的方法很简单：掷硬币。结果他们赢了，我们不能穿黄色。

我们球队的管理层想，没什么大不了的，巴西国旗上还有其他几个颜色可供选择：白色、绿色、蓝色。随即他们宣布，我们将身穿白色球衣参加决赛。

大家也许会想，嗯，白色是个中立的、很安全的颜色啊。

错了。

1950年决赛中，在马拉卡纳球场上输给乌拉圭时，我们穿的正是白色球衣。

队员们面面相觑，眼睛睁得大大的。穿白色球衣？疯了吧？房间里鸦雀无声。终于，管理层意识到了这个决定的荒唐之处，保罗·马查多开口说，那就穿蓝色吧。看到队员们不以为然的样子，马查多向我们解释说，蓝色是巴西的守护神——圣母阿帕雷西达的颜色。听到这里，大家才恍然大悟，于是球衣颜色的问题就解决了。

今天的球队大都有数百万美元的运营经费，大量的赞助商，还有足够装备一支小型部队的、舒适的球衣和球鞋。但在1958年，职业足球队普遍不太富裕。所以，改变球衣颜色这个决定给我们造成了很大的麻烦，因为我们的球衣不够。当然我们也把蓝色球衣带到了瑞典，可一直都是在训练中穿，现已破旧褪色，与盛大的世界杯决赛极不相配。于是，我们的两名管理人员——阿道夫·马奎斯和队医马里奥·特里戈就自告奋勇去斯德哥尔摩[1]市中心的百货公司给我们买新衣服；马里奥·亚美利哥——就是那个悉心照料我膝伤的队医——在比赛前那个星期六，用了一上午时间不辞辛苦地把我们原先黄色球衣上的号码和标志拆下来，再缝到新的蓝色球衣上。

解决了这个临时状况之后，剩下的就是小菜一碟了。

---

1 瑞典首都。

19

大家一定会想，1958年6月28日决赛那天，当我从睡梦中醒来的时候一定感觉到巨大的压力。其实不是这样。迪迪和其他老队员一直努力让我们保持放松的心境，并且，一路走下来，我们也对球队的经验和才华很有自信。球队管理层对我们与外界采取的隔绝策略也终于见到了成效，我们对巴西国内媒体的狂喜言论几乎一无所知。我们似乎被封闭得太“好”了，以至于加林查都不知道这是我们的最后一场比赛。他所在的俱乐部参加的是里约州的联赛，其赛制是跟每个对手踢两场比赛，而在世界杯上则是一战决胜负。

“真的？”他还是不相信，“那就太没意思了！”

我很肯定，加林查只是在开玩笑。在我们踏上索尔纳——斯德哥尔摩东南部城市——的球场时，还是有些忘乎所以。

好吧，我承认我们是有些紧张，这从开场后我们几脚心不在焉的传球和失误就能看得出来。瑞典人抓住我们心态尚未平稳的机会，迅速打入一球，在比赛刚刚开始 4 分钟的时候取得了 1 ：0 的优势。失球后我们略有些惊慌，毕竟这是本届世界杯开赛以来我们首次出现落后的局面。这时瑞典的球迷都乐疯了，纷纷把帽子抛到空中。

但是，我先前说过，我们现在拥有一种全新的、可怕的自信，并且，我们还有一个完美的领袖，在二者的带领下我们一路杀进了决赛，当然也不会因为一个失球而崩溃。瑞典队进球后，迪迪从球网里把球捡起来，慢慢地走向中圈，一路上镇定地朝身边的巴西队员说：“很好，他们就这样了。下面的时间就看我们的了！”

5 分钟之后，加林查在禁区右侧摆脱了防守，把球横传给了禁区里的瓦瓦，后者打进了扳平的一球。上半场 32 分钟，我找准空当把球传给加林查，他又传给瓦瓦，后者再次射门得分。上半场比赛以 2 ：1 结束。

下半场比赛刚刚开始不久，我就打进了足球生涯中最著名的一个进球。尼尔顿・桑托斯中场长传，我胸部停球，球下落时一名瑞典球员向我冲来，我又将球挑过他的头顶。这完全是街头足球的把戏，这种过人方式我们曾在巴鲁的鲁宾斯・阿鲁达大街上用过无数次；也许，只有一个 17 岁的初生牛犊才有胆量在世界杯决赛中使用这种花哨的过人技巧吧。接着，我绕到那名防守队员的身后，在距离球门 9 米开外处凌空抽射破门得分。巴西 3，瑞典 1。

这个进球过后，奇怪的一幕发生了：我们竟然赢得了瑞典球迷的支持。尽管对自己球队落后而感到失望，但有些球迷开始高喊："桑巴！桑巴！"[1]他们为我们的盘带而鼓掌，为我们的传球而欢呼，在我们打进第4个进球后为我们高声喝彩。瑞典人当天所表现出的体育道德精神以及对足球的热爱令人赞叹，我必须承认，时至今日，我再没有见过比他们更高尚、更文雅的球迷。

时间一分一秒过去，我们保持的进球优势似乎已经无法超越，我终于意识到这意味着什么了——巴西就要成为世界冠军了！在经过了近30年的失望，经历了功败垂成、举国悲伤的1950年，我们终于将这个荣誉收入囊中了。太令人吃惊了，这是真正的荣耀。但是此刻，在我继续满场奔跑、压制着对手进攻的过程中，真正令我心生波澜的，是远在巴鲁家里的父亲母亲。现在，所有的家人和朋友一定是围在收音机旁欢呼、欢笑吧，就像1950年那样。不同的是，这一次他们可以庆祝了；这一次不再有泪水，只有欢笑！还有，他们还会为我喝彩庆祝！

这些长久以来压在心里的思绪，到这一刻开始喷涌而出。每跑一步，我都感觉自己的脚步越来越轻。比赛接近尾声，我也接近崩溃了。这时一个高球传过来，我高高跃起，计算好了起跳的时机和落点，睁大了眼睛，就像在巴鲁时父

---

1 桑巴是音乐加舞蹈的混合体，是巴西最具代表性的国家象征之一，巴西足球又被誉为"桑巴足球"。

亲花了那么多时间教我、训练我的那样……球进了。这是属于我父亲的头球绝技，接着我的眼前一黑——

我晕过去了，就在球场上，就在对方球门前。

仁慈的裁判这时恰好吹响了终场的哨声，比赛结束，巴西夺得世界冠军。我的头球将比分锁定在了 5 ： 2。

我躺在地上，很长时间一动不动。加林查这个一如既往的好心人是第一个跑过来帮我的。他抓住我的脚踝抬起我的双腿，觉得这样可以帮助血液流向我缺氧的大脑。

我回过神来，发现周围乱成一片。我看到队友们都笑着、拥抱、跳个不停；数百名观众冲到球场里来向我们表示祝贺。我站起身来，看到了迪迪和加林查，这时我的眼泪流了下来。大家也许已经发现了，我的泪点一直很低，但在我一生中，那是我的泪水流得最畅快的一次。我心里想的全是家人和国家，又因为情绪得到彻底的释放而感到轻松。我还趴在队友的肩上哭着，止都止不住。人们从看台上下来，记者、球迷、警察，碰到我时都抓抓我的胳膊，拍拍我的后背或脑袋，给我一个大大的微笑，欢呼着我听不懂的语言。

我的腿又软了，就要瘫倒在地。接着我感觉自己被人抬了起来，好像是一种看不见的力量，原来是我的队友们，他们把我扛在肩上，在球场里游行庆祝，而我还在哭。

吉尔马抬起胳膊把我的腿抱紧了，笑道：

“哭吧，小子！哭出来好一点儿！”

有人拿起了一面瑞典国旗，我们举着这面国旗周游全场向主办方致敬。当队友们终于把我放下来的时候，我跑过草坪，边笑边喊，似乎想让每个人都能听得见："我要去告诉爸爸！我要去告诉爸爸！"

20

1958 年还没有网络电话，也没有手机，所以我得等上整整三天才能把瑞典的经过告诉父亲。

夺冠之后的兴奋劲儿还未消失，紧接着就是持续了好几天的庆祝。比赛结束，我们还未离开球场，瑞典国王古斯塔夫走到了球场上跟我们握手道贺。他尊贵而高雅——跟他的子民一样。瑞典队的球员也称赞了我们，负责盯防我的西格·帕尔林对记者说："第 5 个球进了以后，连我都想为他喝彩。"

当天晚上回到酒店，我们吃了一顿盛宴，有些队员还把香槟倒在雷米特杯（为表彰 1930 年创立世界杯的足联主席而命名）里喝。我们返回巴西的第一站是累西腓，数千人早就提前几个星期在那里等着我们了。当我们抵达时，尽管当天下着滂沱大雨，人数却比先前又多了很多。飞机舱门一打开，人群立刻爆发出震耳的欢呼声。我们刚走下飞机，就被人们扛在了肩上。

当天我们又赶到了里约，那里的人也是同样疯狂。这时我们已经筋疲力尽了，因为从决赛前一晚算起，我们一直都没有睡觉，可现在是不可能停下来的。里约的街上熙熙攘攘挤满了人，他们让我们坐在消防车上游行，一路上他们燃放爆竹，两侧高楼——办公楼和住宅楼里的人将撕碎的报纸抛到空中。游行结束后，球队官员把我们带到当地一家杂志社，令我们惊喜的是，队员们的家属都在那里等着我们。

我看见父亲和母亲站在那里等着我，脸上挂着自豪的笑容。当着那么多人的面，他们都紧抿着嘴，竭力控制着情绪。他们的情绪控制得如何呢？这个，大家只需想一想我那情感充沛的性格来自谁的遗传吧。

“每个人都为你骄傲，迪科。”母亲激动得都喘不上气来了，眼泪顺着脸颊流下来，“还有你的老师们，他们都来家里看我，说他们早就知道你会有出息的。”

这是我听到的最荒谬的话了，不过我并没往心里去。因为这是我们家最风光的时刻，我能看出来，母亲已经理解了足球能带给我们的好处。

随后我们在总统府举行了宴会，总统儒塞利诺也把香槟倒在雷米特杯里喝。然后我们去了圣保罗，又是游行和庆祝；接着又到桑托斯做了短暂停留；这一切结束后，我终于可以回巴鲁老家了。

到了这个时候，我最希望的是能回家休息，但这是不可能的！巴鲁的气氛跟圣保罗、里约一样疯狂，只有一点不同——在巴鲁，庆祝的重点是我。我们的飞机在跑道上降落，这个跑道正是我以前多次来玩，有一次是来看失事的滑翔机。我看到，几乎全镇的人都来迎接我们，防护网外挤满了人，他们朝我们挥手、欢呼。

我走下飞机，朝人们微笑挥手。很难相信，2 年前，正是这个孩子穿上长裤，怀着忐忑的心情坐车去了桑托斯。我的过去和现在就像是个梦，令人无法相信。但所有的“证人”都在我的眼前——在街上一起踢球的小伙伴们，我的弟弟妹妹，我的父母，连镇长都来了，还给了我一个大大的拥抱。

“巴鲁一直在等着你啊，贝利！”他如此说道。

我不敢相信自己的眼睛。在镇长的示意下，我站到一辆平板货车的车头上开始游行，最后到达了镇上的广场。接着我收到了奖杯、奖牌和各种礼品。台下的观众则是边笑边鼓掌。其中有面奖牌是安排母亲为我颁发的，但她害怕在颁奖时控制不了自己的情绪，所以只是走上台来在我的脸上轻吻了一下。

我收到的礼品当中，有两件最值得一提。第一件是一辆汽车——Romi-Isetta，那是一辆微型轿车，只有三个轮子，但在当时的巴西，拥有任何样式的汽车都是件很了不得的事。当时一辆美国进口汽车的总价格约是 2 万美元，而那时巴西的最低月薪是 30 美元。收到这辆汽车我很高兴，但美中不足的是：我还未成年，所以不能开车！此外还有一个疑虑：

我怀疑这辆车是否够结实能一路开回桑托斯。所以，我把车送给了父亲。

另一个有趣的礼品是一台电视机——一个染成了巴西国旗的蓝、绿两色的“怪物”。这台电视机是我们还未离开瑞典时就送到家里去的，它带来的难题与那辆汽车一样——在巴鲁及巴西的大部分地区，都没有电视信号。所以，这台电视机就成了一个摆设，我把它也当作奖杯，至今还放在桑托斯的家里。

所有这些礼品、庆祝都造成了我“一夜暴富”的假象。庆祝结束后，我回到家里想过几天清静日子，但家里的访客源源不断。远亲近邻、新知旧交纷纷找上门来，或是借钱，或是找我帮忙，或是寻找商机……其实我并没有发财，我仍是在桑托斯俱乐部踢球，拿着微薄的薪水。

可是，我说“没钱”时，他们都不信。因为我登上了全世界报纸的头版和杂志的封面；世界著名杂志《巴黎竞赛》为我写了一篇报道，还讲我成为足球场上的新国王；从那以后，巴西人就开始叫我“O Rei”——球王。所以，很多人都觉得我理应过着国王般的生活。

我有些不知所措。世界在变，但我没变。我还是那个爱踢球的男孩。我已经发现了自己的天赋，并在它的引领下大步向前。是，我取得了一些成就；是，我为国家赢得了一个世界冠军；但我不明白，为什么每个人都想从我这里得到些什么——不仅是金钱，还有鼓励的话语、给侄子的纪念品……

而有些人只想给我东西！这太疯狂了。我尽量笑脸相对，用我的回答取悦他们，但是，在巴鲁的这段时间里，我开始意识到——我始终都在人们的视线里，我的生活已经不再属于我自己。从那时起，这种感觉就一直伴随着我。

21

多年以后，每当想起 1958 年那支国家队，我总是能笑起来。那支国家队有一些真正特殊的东西，那是一群才华横溢的球员，怀着对足球的热爱在踢球。那时的我们太年轻，太单纯，不知道我们会掀起怎样的惊天骇浪。跟苏联的首场比赛就拉开了职业体育史上一个史诗般的序幕：在此后的 8 年时间里，只要我跟加林查同时在场，巴西就从未输过。

1958 年的这支国家队中，有 11 个人——包括我和加林查在内——继续参加了 1962 年的智利世界杯。我在第 2 场比赛中就受了伤，缺席了剩下的比赛。但历史却令我们高兴地重演了：巴西赢得了 1962 年的世界杯，蝉联了世界冠军。而实至名归的，在巴西，人们将其称作“属于加林查的世界杯”。

在其后的岁月里，生活会变得更加复杂，1958 年的简单和单纯再也没有了。

但总有一件事能驱散我心中的所有忧虑。

从瑞典回来后，又过了几天时间，我偶然经过原先我们踢球的那条大街，我看到有一群 8 岁或 10 岁的孩子正在那里踢球。他们笑着、闹着，就像当初我跟小伙伴们那样。我问他们能不能让我跟他们一起玩，他们答应了。

我回家把长裤换成短裤，又赶了回去；我把鞋子脱掉，像他们一样光着脚踢球。我们玩了好几个小时，直到太阳下山，各自的母亲叫我们回家。就只有我们，这几个巴鲁的孩子。

第3章 墨西哥，1970

1

我把记者们叫到休息室，说有事情要宣布。

“我不会参加下一届世界杯了，”我对他们说道，“如果足球就意味着打架，那我决定从国家队退役，今后再不提足球的事。”

说这些话的时间是1966年7月19日，距离巴西在瑞典世界杯上夺冠已经过去8年时间；地点是在英国的利物浦[1]。我那时刚刚25岁，远非退役的年龄，但那一天，我忍着身上的疼痛，看着腿上深深的伤疤和块块的青肿，我觉得自己好像已经有50岁了。真的，我觉得自己好像是个从战场惨败而归的士兵。虽然我将继续在桑托斯俱乐部踢球，但我不想再为巴西国家队服役了。

“就这样。”我说着，记者们则面带震惊地唰唰记录着。

1 英格兰西北部的一个著名港口城市，英国第五大城市。

“这是你们最后一次见我身穿巴西队的球衣。”

在这样一个白热化的时刻宣布这样一个重大的决定绝非一个好主意，事实上，那只是我一时意气用事。但当天的我从未如此愤怒，如此失望，如此讨厌足球。

要是我能穿越回那一天，跟25岁的我说说话该有多好！我会劝他说——放轻松，别这么意气用事！我会告诉他，刚刚经受挫折之后，看待事情总会带着情绪，其实事情并没有那么糟；我会对他说，有了逆境，人生才完整，你的胜利才会更甜蜜。

最后我要告诉他，有些道理甚至连贝利——人们眼中的“球王”——都没有学到，其中就包括足球能教给我们的教训中最重要的一个。

2

在利物浦那一天之前的几个月时间里，我反复做着同一个梦——一个美好、圆满的梦。在梦中，我站在温布利球场上，这是英国的足球圣地，在我踢过球的球场中，它是少数几个世界顶级球赛舞台。巴西国家队的球员们都跟我在一起，他们筋疲力尽，浑身大汗，但都欣喜若狂。我们即将从伊丽莎白二世手里接过雷米特杯，再次加冕世界之王，这是我们第三次夺冠，是一个史无前例的壮举。

就在女王准备将奖杯递给我们时，我突然醒过来了。我躺在那里回味着刚刚的梦境，告诉自己这个梦一定会实现。接着我跳下床，去训练几个小时，确保美梦能够成真。

其实，我并不是唯一抱有这种幻想的人。在巴西，很多人都觉得 1966 年的世界杯已是我们的囊中之物，并不需要努力争取。在 1958、1962 年两次获得世界杯之后，巴西队的很多教练和球员都觉得我们只需飞到英国，喝喝茶，踢踢球，拿回奖杯，然后谢幕归国。报纸上通篇都是我们即将夺冠的报道，还说我们所向披靡的足球证明了巴西事事领先。大家也许会想，这跟 1950 年马拉卡纳导致我们功亏一篑的态度是一样的，的确如此。我想，两度夺冠令巴西人忘乎所以，一些恶习再度现身。

事实上，有些巧合是匪夷所思的。国内政客的不安心理再次为这些浮夸的气氛火上浇油。上世纪 50 年代末，儒塞利诺·库比契克总统的政绩、巴西足球在瑞典世界杯上的卓越表现所带来的乐观心态已经到了尽头，我们走的是一个“希望越大失望越大”的怪圈，而这正是巴西政坛的典型特征。

儒塞利诺总统“五年相当五十年”的宏伟计划的确为巴西带来了很多新公路、新工厂，我们的新首都巴西利亚也按计划于 1960 年投入使用。但这个世界上并没有奇迹，这些热火朝天的建设在解决了一些问题的同时，又带来了新的问题。为建设这些基础设施，巴西政府大量发行货币，物价飙升，巴西人将其计划讽刺为“五年相当五十年的通货膨胀”。每次去超市购物，或出门吃饭，都会发现物价又涨了。仅在 1964 年一年里巴西的物价就翻了一番，巴西国民对此怒不可遏。

与此同时，时代潮流也掺了一脚，令我们的境况更加复杂。我们已经进入 60 年代，全世界都是一片嘈杂——抗议、罢工、革命、自由性爱……为了给自己和孩子更好的生活，巴西的穷人纷纷离开农田和小镇，进入大城市里，却只能在里约、桑托斯这种地方的山上或河堤等地方的贫民窟里落脚。年轻人希望更加自由，也渴望能在国家发展中多分得一杯羹。

这些要求对任何政客来说都是件难题。但儒塞利诺的继任者似乎并不能胜任这些挑战：有个总统仅上任 8 个月就辞职，喝得大醉坐船去了欧洲，把烂摊子扔给了副总统若昂·古拉特。1962 年我们在巴西利亚为夺得当年世界杯庆贺时，我曾经见过若昂·古拉特，他看上去是个很好的人。但随着时间过去，他开始任命一些共产主义者担任顾问，又说要将巴西城市里的土地为穷人重新分配。这些想法损害了巴西精英阶层的利益，1964 年军方发动政变，巴西再次进入军事独裁时期。

我在前面也曾提到过，在这些政局变幻中，足球是不能幸免的，在巴西尤其如此。正当我们为 1966 年世界杯做准备时，我们受到了来自军方政府的巨大压力——他们想用足球来掩盖社会的骚乱。军人们非常明白，在巴西，足球的凝聚力是无与伦比的。他们觉得，第三次夺冠能让巴西的生活重回“正轨”，甚至能将巴西带回更单纯、更轻松的 50 年代。

我是不是失去理智了？我是不是好像把所有问题都怪在了政客们的头上？是的，球场上踢球的是球员，比赛的输赢跟政客们无关。但这一年国家队管理层的有些决定太过匪夷所思，只能用 60 年代中期癫狂的政局影响来解释。比如说，这一年的国家队试训，并不是按照惯例招入 22 或 28 名球员，而是招了 44 个人！这简直是荒唐透顶。他们为什么这么做呢？他们将我们分成了4个队，每队11人，然后将4支队伍分派到全国各个城市、乡镇上去“训练”，既有圣保罗和贝洛奥里藏特这样的大都市，又有特雷斯里奥斯、卡尚布、特雷索波利斯这样的小镇。分队训练，每隔几天就换一个训练地，这对备战世界杯绝无益处。但这不是关键。我们所谓的“训练”，其实是去娱乐大众，去凝聚人心，去给当地政客做救兵，让民众暂时遗忘国家的种种问题。我们其实就是“面包和马戏”[1]。

与这些杂耍相匹配的，国家队的官员们——又一次，他们关注的是向世界展示巴西足球的笑脸，而非让我们好好备战——安排了一系列令人应接不暇的热身赛——西班牙、苏格兰、瑞典……这些比赛地区的气候各有不同，还需要长时间奔波。所以，就在国家队准备前往欧洲参加世界杯时，我们连一个球队都没有组建起来，只是一群胡乱拉扯起来的散兵游勇。当然，有些上届世界杯的老球员依然在列：加林查、吉尔马、德扎马·桑托斯，但瑞典世界杯已经过去8年了，大家都老了，早就过了巅峰期。

即便把球员们集合起来了，教练也没能决定首发名单。因为我们这些人从来没有一起踢过两场球，有时候队里会一下子更换五六名甚至七名首发队员，这在球队备战方面是个

---

1 “面包和马戏”是罗马帝国时期的诗人尤维纳利斯的著名警句，它讽刺了贵族用免费的粮食和流行的娱乐（斗兽场的演出）来安抚和拉拢平民即自由无产者的政策。

不可饶恕的错误，对世界杯而言尤其如此。在热身赛中，我们堪堪与苏格兰踢成了 1 ∶ 1 平。我想，那时大家的心里都慌了。照这样踢下去，温布利球场、女王颁发奖杯的梦是不可能实现的。这场比赛结束后，很多球员都有了意见，伴着很大的愤怒。球队里的几个老队员——尼尔顿·桑托斯、济托、队长贝里尼——找到球队管理层，说需要把大家叫到一起把问题讲清楚。

他们同意了。但这次会议却是一场单方面的发言。不论是在巴西还是在别的国家，当时的政治和社会环境就是这样，任何当权者都认为他们的意见才是真理。球队管理层和上级的意见是不容置疑的，所以，尽管这是一次全队会议，但说话的只有管理层而已。他们不耐烦地对我们说：一切都会好起来的，我们需要做的只是在英国踢几场球，拿着冠军回家庆贺就行了，别叽叽歪歪地抱怨了行吗？

我记得，会议结束后，我们走出会议室，我看了看加林查。他只是难过地摇了摇头，我则朝他耸了耸肩膀。我们都没说话。这其实就是一个预兆，是我仍未学到的教训。可惜那时的我们并不明白这个道理，所以我们还是老老实实收拾好了包裹。就这样，我们就像一群等待宰割的羔羊一样，踏上了英国的征程。

3

从我们踏上球场的第一秒钟开始，我们就意识到，巴西面临的困难绝非仅仅来自内部。

在前两届世界杯上，巴西队大开大合的艳丽进攻风格震惊了世界。在这一届英格兰世界杯上，我们听说裁判试图要维持比赛的均衡，避免出现一边倒的局势。他们将对身体对抗更加宽容，还会减少对犯规的吹罚。这种改动对欧洲队是有益的，因为他们的球员普遍比南美球员更高更壮，何况，他们在过去 8 年时间里一直在提高自己的技术，以破坏巴西的进攻效率。这些话听起来像是一种阴谋论，也许大家以为我这是酸葡萄心理，但我并不是唯一一个认为南美球队在 1966 年世界杯上受到不公正待遇的人。安东尼奥·拉廷——当年阿根廷国家队的 10 号——数十年后还将其称作“史上最暴力的世界杯”。英国记者布莱恩·瓦伊纳在 2009 年的英国《独立报》上撰文说：“巴西的数名球员，尤其是贝利，承受的是足球史上最恶劣的盯人战术。”

我从不惧怕身体对抗，因为我们很多人都是踢街球长大的！职业生涯开始后，我往往是球场上得分最多的人，所以，说实话，任何一个防守队员都以“封杀”了贝利而自豪。在球场上，针对我的防守战术，指定一名、两名甚至三名防守队员对我贴身防守也是常有的事。大家可以去找现存的录像看看，有多少我被对手锁喉、摔倒或亮着鞋钉放铲的情景……天哪，回想起来，在桑托斯踢球时，在有些比赛中，按照今天的判罚尺度，对方球员早就被罚下一半了。

但话说回来，当时的比赛就是这样。那时的足球赛跟现在不同，身体对抗很多，其中一个关键原因就是没有电视直播。现在，全场比赛中，球场的每个角落都在高清摄像机的监视之下，如果某个裁判漏过了某个犯规动作，赛后他及犯规的队员将受尽指责，他们会受罚、会被禁赛，甚至名声也大受损失。但在当时，只有上帝能看到球场上的阴暗动作，而某些球员犯下的罪过，不管有多少忏悔都无法弥补！

我并不记恨那些对我犯规的人，他们不过是在执行教练的命令、为家人挣取生活费罢了。父亲过去常对我说，要尊重我的对手，但我有时候也不得不挥起手肘以求自保。我很少抱怨，尽量干净地踢球，在20年的职业生涯中，我从未因恶意犯规或踢脏球而被罚下场。但运动场上的判罚总要有个尺度，因为若是没有了裁判的保护，即便是铁人也无法从球场上“生还”，若这个队员是球队的王牌，就更是如此了。

而在 1966 年世界杯上，裁判们的哨子似乎都哑了。

巴西首场比赛对阵的是保加利亚，那场球赛就像是在一个黑暗的死胡同里被人群殴——刀子棍棒全亮出来了，而裁判或父母都不在场。保加利亚人似乎就是为着打架来的。负责盯防我的队员整场比赛都对着我的膝盖和踝骨下脚，甚至当着裁判的面把我放倒。

“嘿！蠢货！”我朝那名防守队员喊道，“怎么踢球呢！”但他听不懂葡萄牙语，而我又不会说保加利亚语，所以，他只是朝我皱皱眉头，而裁判也似乎没看在眼里。

后来，对方有些犯规太过明显，裁判也不得不吹了哨子。上半场因为对方的某次犯规，我得到了一次任意球机会，射门得分；下半场，加林查也因对方犯规得到一个任意球射门得分。我们以 2 ∶ 0 战胜对手。

可这根本不像是一次胜利。巴西第二天的报纸头条写的也不是比赛的得分，而是《贝利遭遇全场追杀，比赛结束瘸腿离场》。现在，我们所有的对手都知道裁判的尺度了，比赛的基调也已经定下。而令人痛心的是，这是我跟加林查最后一次同场比赛。

4

在跟保加利亚的比赛结束后，我筋疲力尽，身心疲惫，浑身疼痛。我的右膝疼得要死。但我还是为下场比赛做着准备，不愿像 1958 和 1962 年世界杯时一样缺席任何一场比赛。所以，当球队管理层宣布我在与匈牙利队的比赛不会上场时，我愣住了。

“我们希望你能好好休息，贝利，”他对我说，“我们不希望你上场，是要保护你，并且保证你在重要比赛时能够保持健康。”

重要的比赛？跟“华丽的马扎尔人”——那支在 1954 年淘汰了巴西队、1962 年打入四分之一决赛的匈牙利——的比赛不算重要吗？如果我们赢不了这一场比赛，就再没有什么比赛可言了！

我很愤怒。但是跟往常一样，球队官员的声明就是最终决定，我不想给人留下“搞特殊化”的印象，我不想耍大牌，所以，我闭上了嘴巴。

匈牙利以 3 ： 1 打败了我们。这个结果震惊了世界——这是 1954 年瑞士世界杯以来巴西队第一次输球，还是输给同一个对手。我坐在球员席上看着比赛，无助而心碎。

此次失利令国家队的官员们雷霆暴怒。跟 1950 年一样，我们的狂妄突然之间就变成了可以吞噬一切的恐慌。为了小组出线，我们必须以大比分战胜葡萄牙。球队管理层将我放回了场上，但加林查、吉尔马和德扎马·桑托斯都坐在了板凳上。奥兰多——曾进入 1958 年国家队，但一场世界杯比赛未踢——也在场。总而言之，与上一场比赛相比，首发名单更换了 7 个人。这简直是疯了，你们曾见过这种安排吗？球员们都缄口不语。

与葡萄牙的比赛刚刚开始，我就被他们的一个防守队员踢倒了，他明显是冲着我受伤的右膝来的。比赛中，又一个球员上来绊了我一脚，就在我落地的时候，他又赶上一步，先伸出腿，把我完全放倒在地。球场里的观众都站了起来，高喊着“犯规”。巴西的戈斯林和马里奥·亚美利哥——就是 1958 年瑞典世界杯时用热碗治好我的膝盖的队医——冲进场来。但这次我的膝盖没能躲过一劫，他们给我绑上了绷带。

他们俩把我架着走下场，我双手搂着他们的肩膀，一条腿蹦着走路，因为我的右腿不敢用力。但是，那时世界杯比赛的规则是比赛期间不允许换人，即便有球员受伤也是如此。我不愿看到巴西在这样一场重要比赛中少一个人应战，于是过了几分钟之后，我又上场了。我一瘸一拐地在场上奔跑着，大部分时间其实是单腿在跳。

巴西队 1 ： 3 输掉了比赛，从世界杯比赛中出局。

最后从伊丽莎白女王手里接过奖杯的不是我们，而是英格兰，其队长是博比·摩尔，教练是阿尔弗雷德·拉姆塞爵士。我认为，英格兰得到这次世界杯冠军是实至名归，对得起“现代足球发源地”这个称呼。但令我痛心的是，我再也没有机会到温布利球场踢球了，连友谊赛都没有。这是我一生真正的遗憾之一。

在与葡萄牙的比赛中，就在我返回球场，像个受伤的动物一样一瘸一拐、单腿蹦跳着继续比赛时，我的愤怒在逐渐积累。我为球队教练和官员的狂妄自大而恼火，为备赛期间巴西政客们的干涉而沮丧，为裁判不懂得保护球员而愤怒，最最重要的是，我为自己感到失望。在为桑托斯俱乐部踢球时我总是健康的，但在我参加的 3 届世界杯上，我没有一次不受伤。我想，这绝不是巧合。就在这场比赛结束之后，我将记者们召集起来，宣布我再也不会参加世界杯比赛了。

从伦敦返回巴西时，我们的飞机延迟了几个小时。就像这届世界杯上的任何一件事一样，球队的官员们对此未做任何解释，他们只是让我们温顺地坐着等着，不要问任何问题。到达里约时已过半夜，住在圣保罗或附近的球员未作停留，直接转乘了另一架飞机。后来我们才了解到此次延迟的真相：球队的官员们害怕我们会受到愤怒的国内球迷的围攻。

他们的担忧没什么必要，因为机场上几乎没有人迎接我们。但是这个小插曲更坚定了我的决定——我的生活里再也不要有世界杯这件事了。

5

“谢天谢地你没事，迪科！”我回到桑托斯家里时，母亲对我喊道，几乎要哭出声来，“我一直为你祈祷，膝盖都跪疼了。”

1966 年世界杯已经可以在电视上看到转播了，但我们家不看。他们真的不看。在我参加职业比赛的 10 多年里，母亲从未到现场看过我踢球，电视转播也不看。父亲也不愿看我的比赛，我猜他们是情感太过充沛了。在我有比赛的日子里，母亲就像那些虔诚的教徒一样，到教堂里为我祈祷，希望我不要像父亲一样受伤。这么多年了，我甚至怀疑她的膝伤比我还要厉害。

这届世界杯过后，受到伤害的人不仅是我的父母。事实上，所有的家人都同意我退出国家队的决定，其中就包括我们家的新成员——露丝梅丽・卓尔碧，我的新娘。

我跟露丝其实很早——就在 1958 年世界杯结束时——

就认识了。那时桑托斯俱乐部跟科林蒂安斯俱乐部——我们最大的对手——有比赛。巴西的俱乐部总是在比赛前夜将队员们与外界隔离起来，用葡萄牙语说是“concentração”，其目的是让球员们免于分心……比如说，女人。但这件事说起来容易做起来难，更何况，有些球员已经有对象了，于是我们当晚就“越狱”出来，到桑托斯的体育馆里看一场女篮比赛。有几个女篮姑娘走过来跟我们说话，令我惊讶的是，一个女孩一屁股坐在了我的旁边。

“嗨，”她说道，“你是贝利，对吧？”

“是。”我答道，因为被她认出来而感到兴奋。

“明天别把科林蒂安斯踢得太惨哦。”

她对我浅笑了一下，然后就回到篮球队的球员席了。

这个对话极其简短，但我已经神魂颠倒了。她长着一头灿烂的褐色长发，更令我着迷的是，她身上的自信和镇静是我在桑托斯从未见过的。第二天下午，比赛开始后，我就在看台上寻找那个女孩的身影——我本应把注意力放在球场上的。我记不清那场比赛是输是赢了，但我的心情很失望，因为露丝没来看比赛。

几天过后，我走在桑托斯的大街上，突然看到那群女篮姑娘。我的心立刻怦怦跳了起来。露丝并未跟她们在一起，但她们——一直在窃笑着——还是告诉了我她的名字、她工作的唱片店，还有她的岁数：14。她真是太年轻了，但当时我也刚刚 17 岁而已，所以不会太唐突。我穿上最帅的一件衬衫、最好的一条长裤，像每个情窦初开的少年一样，假装若无其事地溜达着走进了那家唱片店。

“你好，又是你啊。”我搭讪道。

“嗨。”

“你还记得我吗？”

她点了点头，笑了，似乎比我们第一次见面时害羞了很多。

“告诉我，”我说道，“你是桑托斯人，为什么希望科林蒂安斯赢球呢？”

“因为我支持科林蒂安斯啊，”她答道，“我其实不喜欢足球。”

我其实不喜欢足球。大家也许会想，听到这句话我一定会狂怒着夺门而去吧。但是恰恰相反，我对她更入迷了。在那一刻，在有了瑞典世界杯的种种经历之后，露丝似乎是这个星球上唯一一个对球场上的我没感觉的人。她感兴趣的是埃德森，而不是贝利。

一年年过去，我爱上了露丝。不论我们相隔千里，不论我们的比赛是输是赢，她总是跟她的父母一起在桑托斯等着我，风雨不动。我们的恋情是非常传统的，露丝坚持让我先见见她的父母，而他们则希望我们的恋情能尽量保密。这一点其实很难做到，因为桑托斯只是个小城市，而我的名气又太大了。但露丝从未到现场看过我的比赛，这对她来说倒不是什么值得可惜的事。我们一起出去看电影的时候，都是分开走，她跟她姑姑先进场，等放映厅里的灯熄了，我再溜进去坐在她旁边。我们的保密工作做得很好，观众们从未发现贝利也在同一个电影院里。

露丝一直拒绝我的求婚，她说自己还太小了。但在1966年世界杯前1个月的时候，她终于答应了。到那时为止，我们已经相恋7年多。我为巴西赢得了两届世界杯，我所在的桑托斯俱乐部获得了很多荣誉，我开始挣钱……但这些她都不在乎。她还是不喜欢足球，也不愿受到公众的关注。当然，我们订婚的消息还是走漏了风声，于是大家都在猜测“球王”会在哪里举行婚礼。有人建议到里约的马拉卡纳球场举行婚礼；还有篇报道说，教皇本人要为我主持婚礼。但实际上，按照露丝的意愿，我们的婚礼是在桑托斯我为父母买的房子里举行的。婚礼很简单，主持婚礼的是一位当地的牧师，参加婚礼的也只有双方的家人和朋友而已。

虽然我们尽量做得隐秘，但还是引来了大批记者，他们堵在门外拍着照片。我走出门去，朝大家微笑挥手。我常常告诉露丝说，这就是我们的生活，会带给我们太多益处。

6

第一个找我代言的是利乐公司，一家瑞典的包装公司。1958 年世界杯之后，瑞典就在我心里留下了极好的印象，每次代表桑托斯俱乐部或巴西国家队到瑞典踢友谊赛，我都受到人们的欢迎。但在 1961 年左右，当桑托斯俱乐部的官员找到我，说利乐公司想让我“代言”他们的产品时，我还是有点惊讶。

我先是给父亲打了电话。

“你觉得怎么样，爸爸？”

“我不明白，”他关心地答道，“你不是有薪水了吗？”

“是的，可这是薪水以外的钱。”我解释道。

“他们想让你干什么？”

“他们给我钱，让我说喜欢他们的产品。”

父亲无法理解。“我不明白，”他说道，“你是个运动员，不是演员。他们真的会为这个给你钱？”

刚开始的时候，我其实也糊里糊涂的。在美国，运动员代言产品从贝比·鲁斯[1]那个时候就开始了，但在巴西及世界上大部分地区，这还是个新生概念。而正是借着首个世界杯冠军的余晖，这件事才得以实现。我想，人们是想分享一下世界冠军的感觉，而购买我喜欢的产品就是一个好办法。再者说，我继承了母亲和善的笑容，这一点对代言广告同样重要。

话虽如此，我还是心存疑虑。我担心的是，万一我代言的产品不够优秀，人们就会对我心生失望——这在我刚开始为产品代言的时候的确发生过，有时候走在桑托斯的大街上，就有人走上前来对我说我代言的某某产品不好。我总是诚挚地向他们道歉，随后会将他们的意见反馈给生产商。

尽管如此，我还是答应了利乐公司的要求。他们成了我最好的合作伙伴之一，也为我打开了一扇产品代言的大门：似乎在一夜之间，我就收到来自巴西国内外的大量代言邀请，而我一个人应付不来，于是就雇了一些人为我处理这些代言及其他生意方面的事宜。我的商务团队里就包括我的弟弟佐卡在内，他先是在桑托斯的预备队踢了几年球，后来发现足球并不是他的前途所在，而他在学习方面总是强过我，后来去学了法律，又成了我最信任的顾问之一。

多年以来，我的名字和头像相继出现在药店、加油站、

1 上世纪二三十年代美国著名职业棒球运动员，曾经连续三次打破大联盟全垒打纪录。

汽水公司、新建住宅等地方。我代言过糖果、衣服，甚至还有牛。在我推广的诸多产品中，最有意义的当属巴西的咖啡。巴西一直都是世界上最大的咖啡生产国，但在上世纪60年代，周围国家和地区的咖啡生产销售风头正劲，巴西感觉到了压力。所以，每当桑托斯俱乐部在欧洲或美国踢球时，开赛前我就会背着一大袋咖啡上场展示一下。一袋咖啡的重量是60多公斤，而我的体重是63多公斤！但是我想，辛苦就辛苦点吧，这可是为了我的国家。哥伦比亚有胡安·瓦尔迪兹[1]，巴西有贝利。

我们的机会在于：世界各国的公司第一次认识到向国外进军的重要性。以利乐公司为例：他们是一家瑞典公司，但他们想在巴西及其他新兴市场赚取利润。这在几年前是无法想象的事，但随着国际间交流的增进和各种障碍的扫除，全球营销首次成为可能。在上世纪60年代，我们甚至把汽水广告做到了捷克斯洛伐克——这个国家当时正笼罩在“铁幕”[2]之下，不受“邪恶”资本主义的侵扰。因为我的样子和名字可识度太高，又因为生逢其时，所以，那些公司常常把我当成开发新市场的矛尖。有些人说，在某些方面来讲，我是现代第一个全球偶像。我觉得这句话有些夸大了，我更倾向于这种观点——我是因很多世界潮流和机遇而受益。如果我早生了20年，甚至10年，我也许仍会成为一个优秀的

1 一个宣传哥伦比亚咖啡产品的虚拟广告人物。

2 意指苏联和东欧在对西方国家的关系中所建立的障碍及彼此的隔绝。

足球运动员，但其他的事就很难说了。我猜自己只是在正确的时间出现在了正确的地点而已。

现在回想我做过的广告代言，其实是很有意思的一件事。我们“开创”了“贝利咖啡”这个品牌，现在在一些国家还卖得很好。在一个电视广告中，一位高雅的女士坐在喷气式客机上——信不信由你，这可是上世纪60年代末最时髦的事了，她问空姐：“这是什么咖啡？”

“贝利咖啡。”空姐答道。

“嗯，太好喝了！”

接着镜头一转，我出现在镜头里，脸上挂着最灿烂的笑容，手里端着一杯热腾腾的咖啡，隆声说道：“Já viu, né？”翻译过来的意思是：“你喜欢吗？”

现在看这些广告，想忍住笑都难！但这些广告证明了我做产品代言已经有多久，也展示出世界已经变化了多少。这样的广告无论是在1960年还是在2014年都没什么意思，但在二者之间，它们的宣传效果非常好。现在是一个愤世嫉俗的时代，很多广告公司凭借幽默或讽刺来推广他们的产品；说实话，这么做的风险不小。我喜欢的方式还是实话实说。

还有些广告代言我拒绝了。很多年来，巴西的一些公司都想让我代言一种叫作“Pelé Pinga”的产品——卡莎萨，巴西的甘蔗杜松子酒。他们还想用我的名字去生产香烟。这些我都拒绝了，因为身为一名球员，是不能喝酒抽烟的，我认为，我有责任保护上帝赐予我的天赋。

我总是很珍惜商品代言中认识的那些好人，也很感激那些公司能信任我。我明白，每代言一个广告，我就在公众面前多暴露了一分，而这也损害了我家人的隐私。与此同时，这些代言和商务活动挤占了我大量的时间，我在热爱的足球方面投入的时间就少了很多。但是其中有些代言邀请是无法拒绝的，对像我这样来自贫困地区的人来说尤其如此。我们家的经历早已说明，一个球员的足球生涯会因为韧带断裂而鸡飞蛋打，所以，我觉得应该趁着还有价值的时候多挣点钱，去实现我的一些想法，比如为父母在桑托斯买个新房子——要是没有代言广告的钱，这个梦想是不可能实现的。在上世纪60年代末，在桑托斯俱乐部里，我甚至都不是拿顶薪的球员。

此外还有个原因，我想我可以把商务方面的事交给我的朋友和合作伙伴去打理，让他们负责球场下“贝利”要做的事，而我就可以一心放在球场上，不用为钱担心了。

而这又是一个令人心痛的教训，为此我吃尽了苦头。

7

一点一点地，1966 年的伤痛渐渐平复了。英格兰世界杯结束 2 年之后，我终于有幸见到了伊丽莎白女王，弥补了心中的遗憾。一直以来我都对她的优雅和高贵、她的微笑心感敬佩。当时女王正做全球访问，来到南美，她将在马拉卡纳球场观看分别来自圣保罗和里约的两支球队举行的明星赛，她说想在赛后见见我。

在觐见女王之前，两位巴西外交部的高级礼仪官员来到我家里，显然，他们是担心这个著名球星在觐见女王时因不懂规矩而失态。他们教我如何鞠躬、如何聆听、如何答话、如何站立、如何表示尊重……基本上就是把所有人性化的一面都摒弃掉了。

在我们的明星赛之前，一支庞大的军乐队走进马拉卡纳球场，开始演奏英国国歌《天佑女王》。我不禁纳闷，也许所有这些礼节并不是臆造出来的，是真真切切的。但当比赛结束，我被带到私人场合去觐见女王时，我所有的担心都消失了。伊丽莎白女王脸上挂着微笑走进屋里，气氛也很随意。“贝利先生，”她热情地说道，“很高兴见到你！”

那时我的英语还是很糟，但还是小心翼翼地蹦出几个词来：“多谢您，陛下。”我答道。

周围的人都咯咯笑起来，一副被逗乐的样子，连巴西外交部的那个家伙也是这样。此后我们的交流就依赖翻译帮忙了，但整个交谈都很轻松、很愉快。我对她说自己是多么喜欢在英国的日子，她则对我说她的丈夫菲利普亲王是我的球迷。甚至女王本人都是个足球迷，这一点远超我的预料。她说对英格兰队感到骄傲，又对巴西未能夺得 1966 年世界杯感到遗憾。觐见结束时，我已经完全被她的魅力所倾倒，还感觉我们仿佛已经相识多年。

我想，这是我最后一次让人教我如何跟别人说话了。这是一个宝贵的教训：不管在哪里，人跟人都是一样的，我们不应该在原本没有隔阂的地方修建屏障。

其实，当天的觐见中，唯一坏了规矩的人是一个英国代表团的人，也许是个外交官吧，他朝我倾过身子，从嘴角用蹩脚的葡萄牙语悄声问道：

“那么，贝利……你是真的不踢 1970 年的世界杯了？”

8

外面的世界可不在礼宾官员的控制范围，而那里发生的事就疯狂多了。上世纪 60 年代，桑托斯俱乐部是大家公认的世界上最好的俱乐部，而全世界的球迷都热切希望一睹我们随性、无畏、即兴的足球风格。所以我们经常参加巡回比赛，并在比赛中获得很多乐趣。一家美国报纸甚至将我们称作“花式足球表演队”。其实，足球本身带来的兴奋和热情已经足够，但当时的世界就像是个从二战后成长起来的年轻人，桀骜不驯、无法无天，而由此带来的狂乱常常把我们包围——激动、奉承，有时则是恐怖，现在回想起来都会觉得不可思议。

有一天上午，委内瑞拉首都加拉加斯的飞机跑道上挤满了桑托斯俱乐部的球迷，我们只好在飞机里等了 4 个小时，待警察疏散人群之后才下机。有一次我们去埃及，中途在黎巴嫩的贝鲁特短暂停留，其间大量球迷拥进机场，声称要绑架我，除非我们答应跟黎巴嫩的一支球队踢一场球。（在黎巴嫩警察的帮助下，我们婉拒了他们的要求，并如期赶到了开罗。）在意大利米兰，数千名球迷得知我要出门购物，他们就赶来找我要签名。我藏在一个石柱子后面，等着球队的汽车来接我。当汽车出现的时候，我飞一般地冲进了车里——恐怕在球场上我都没跑那么快！

甚至在球场上，我得到的“保护”也不够。1962 年我们参加了“解放者杯”的决赛，这是拉丁美洲的锦标赛，此前桑托斯俱乐部从未得过冠军。我们的对手是佩纳罗尔俱乐部，这是乌拉圭的一家著名俱乐部，能跟这样的球队交手，我们异常激动。在经过主客场系列赛打平之后，我们要在阿根廷布宜诺斯艾利斯的“纪念碑球场”决一胜负。最终我们以 3 ： 0 战胜对手，其中 2 个球是我打进的。比赛一结束，观众们就蜂拥进球场，为了搜寻纪念品，他们几乎把我身上的每一块布都拿走了！第二天，巴西一家报纸的头条标题是这样的：《黑人球王的脱衣舞》。

听起来也许很令人诧异，但像这样的事情并不恐怖，尤其是在拉丁美洲——这种混乱无序只是那些年的乡土风情，就像下雨、刮风、起雾一样；而球迷每一次感情的迸发都书写着桑托斯俱乐部的传奇。我们的球队里聚集了很多优秀的球员：济托、佩佩、科蒂尼奥……在 1958 到 1973 年间，桑托斯俱乐部赢得了两次解放者杯，六次巴西足球甲级联赛冠军，十次圣保罗州联赛冠军。鉴于我们的成功和天赋，想一睹我们风采的要求就应接不暇了。每年年初，我们都会到拉丁美洲国家踢球，比如阿根廷——当时阿根廷比巴西富得多，肯出大价钱。而6月到8月是桑托斯俱乐部挣钱最多的时候——那时是北半球的夏季，我们会去欧洲踢球，一次会参加20、25场，甚至30场比赛。

我们的足迹遍布全球：既有像巴黎、纽约这样的大都市，又有堪萨斯城、密苏里州、亚历山大市、埃及、都灵这样相对名气较小的地方。有一次我们要到非洲的科特迪瓦的阿比让踢一场比赛，从机场到市中心，沿途的公路两侧汇集了1.5万人。还有一次，我去参加一场与法国队的比赛，主办方让我乘坐一辆敞篷车经过巴黎的香榭丽舍大街去球场。法国影星碧姬·芭杜也到了球场，她身穿法国国旗的颜色——红靴子、白色紧身短裤、蓝色紧身运动衫。全场观众立刻就不看我、不看比赛，目光全放到她身上了。法国队赢了。比赛后，碧姬·芭杜为获胜者颁奖，她将奖杯递给了法国队的队长，还赠上香吻一枚——他顿时神魂颠倒，后来报纸上报道说他连奖杯都忘了拿！碧姬·芭杜也吻了我一下，我本想拒绝，但又一想，露丝不会在意看到巴西报纸的体育版上铺天盖地刊登的这张照片。

球迷的热情既令人欢喜，又让人忧愁。有一次我乘飞机从墨西哥城到纽约，在飞机上，我倚在座位上睡着了。这也是我的绝技之一：闭上眼就能睡过去，哪怕天塌了都不管。在我睡过去的时候，乘客们纷纷走到飞机前面来找球员们索要签名。（那还是在上世纪60年代，在飞机上自由走动不会像现在一样引起恐慌。）因为我睡着了，所以没有人来打扰我。就在飞机准备在纽约下降时，我恍惚听到一阵唱歌声。乘客们正用西班牙语唱着小夜曲："Despierta，Pelé，despiertaaaaaa！"——醒来啊，贝利！醒来啊，贝利！我被惊醒了，从睡梦中慢慢回过神来。我睁开眼睛，看到坐在我旁边的人——奥兰多·杜阿尔特。又过了好几分钟我才明白到底是怎么回事。

"天哪，"我对奥兰多说道，"我还以为我死了呢。"

我们都大笑起来。飞机着陆后，我给每个人都签了名。

我往往是在比赛中表现出自己最佳的一面，因为我知道，我是人们来看球的主要目的。在桑托斯俱乐部参加的比赛中，有我出场的比赛收费10万美元，我不出场的比赛收费3万美元。我很感激球迷愿意把辛苦挣来的钱花在看我踢球上面。1959年我打进了127个进球，1961年110个，这些数字在当时看来似乎都是不可能的事，今天看来更是令人难以置信。除了比赛，我还常常迎合球队和主办方的要求，而他们的要求有时非常古怪。在有几场比赛中，尤其是在那些很少见到黑人的国家，组织者会要求我或者科蒂尼奥戴上白色袖标，因为球迷分不清我们谁是谁。我想，要是放在今天的环境下，这种要求可能是非常令人不快的，但当时我并不在意。

有时候即便一些小"灾难"也会以圆满的结局收场。

P E L É

1968 年 7 月，我们在哥伦比亚参加一场比赛，这时我跟队友们与裁判——吉列尔摩·“查托”·维拉斯克斯——发生了争执，因为他判定我们一个进球无效。我的队友利玛上去抗议他的判定，而裁判是个大块头——他以前是个拳击手，他被利玛惹恼了，就把他罚下了场。我气坏了，走上前继续跟他理论，结果他又把我罚下了场。

这个判罚是我活该。但在我走下球场的时候，哥伦比亚的球迷全疯了。他们从看台上把垫子、纸、垃圾朝着球场和裁判扔去，还互相投掷物品。“贝利！贝利！”他们高呼着。而警察则从露天看台上出来保护着裁判。

我跑到看台下的更衣室里，但外面的声音震耳欲聋。跺脚声、鞭炮声、嘶吼声……好像外面在打第三次世界大战一样。

我刚脱下球鞋，桑托斯俱乐部的主任就跑进来了，上气不接下气。

“快，回去比赛。”他说道。

“什么？”我答道，一头雾水，“你疯了吗？我被罚下了啊。”

“不，不，”他摇头说道，“那个裁判被赶出比赛了，你还得上场。”

我简直不敢相信自己的耳朵，但主任是不会骗我的。看到全场观众造反的样子，主办方觉得，为避免发生大规模骚乱，让我返回球场是最好的解决办法。于是我把鞋穿回去，又跑到了球场上。我们继续比赛，而裁判查托却不见了踪影。

这件事听起来好玩，但是很不对。查托是场上的裁判，他把我判罚下场。他的判罚应该受到尊重。很多年过去了，每当我想起这件事，心里总会觉得很不好受。幸运的是，很久之后，我有机会弥补这件事了。我们先是在巴西的一个酒店里偶然相遇，我们拥抱了一下，交换了联系方式；在我的足球生涯行将结束，我在纽约踢球时，我送给了他和家人几张球票。最后，在迈阿密，在我的一场告别赛上，有些记者建议我们把那件旧事重演一遍。于是，查托再次掏出红牌把我罚下场，而我则从他手里夺过红牌，继续踢球——就像当初在哥伦比亚一样。

我们都笑得很开心，查托更是如此。还有什么事能比长久的怨恨变作友谊更好呢？这是足球的另一个伟大之处——在绝大多数时候，每个人都能快乐地离开。

9

这种生活虽然乐趣很多，但我总觉得缺少了点什么，而人们也总是在一遍遍提醒着我：

“你不怀念为国家队踢球的时光吗？”他们会这样问我，“你希望1966年就是人们对你身穿国家队球衣的最后记忆吗？”球迷、桑托斯俱乐部的官员们、大街上的巴西民众、记者、别的球员……他们总是问我同样的问题，而我对此从未有过令人信服的回答。当然，我会说我曾踢过3届世界杯，我在这些世界杯比赛中都受了伤，我没受到裁判的保护，诸如此类。但每次我说出这些话，它们都很不符合我的性格，好像是出自另一个人之口。这些话不像是贝利该说的。

几年之前，1964年，桑托斯俱乐部来了一位新的技术总监：胡里奥·马泽伊教授。他很快就成了我生命中最重要的人之一。他曾在美国上学，是一个学识渊博的人，他负责俱乐部所有的球员备赛的问题。除了训练，他还充当我们的顾问，他教我们在酒店、机场以及到外地比赛时如何行为得当。在上世纪60年代到70年代，他就是一架桥梁，帮助我们从业余运动员向职业运动员转变，他帮助我们这帮大孩子变成了男子汉。这么多年来，马泽伊教授是我寻求稳定和远见的源泉，他是唯一一个能以旁观者的眼光看清我混乱生活里的人和事的人。我信任他，他就像是我的大哥一般。

我喜欢马泽伊教授的一点是，他跟我谈话的方式独一无二。他从不逼我，还非常有幽默感。但他待我一直很真诚，总是帮我纠正人生的方向。那段时间，我或者是在健身，或者是在球场上训练，他就对我说：

“啊，贝利，很不错嘛。你准备为巴西赢第3个世界杯了！”

我只是朝他笑笑，在心里嘟囔几句。

“1970年就要来了，你就打算坐在家里吗？”他笑着，继续说道，“你打算怎么跟家人解释？”

“他们支持我退役！”我反驳道，“我的回答还是不，教授！”

他就会扬扬手，假装很失望，然后走开。

到底是怎么回事呢？

在我即将进入而立之年时，我想，我在某些方面变得顽固了。我已经在镁光灯下生活了将近10年，在球场上，在生意上，在生活中饱受煎熬。我从伤痛中总结出一个教训，那就是多说“不”，少说“是”，在足球方面尤其如此。说了“不”之后，我就很少改变主意了。这是生活的最佳方式吗？不，但它保护了我，它给了我一些宁静。

内心里，我还是非常想为国家队踢球的。但我同样认为，在我回归国家队之前，尚需一些改变。

需要改变的，就是我自己。

瑞典世界杯的首次夺冠之路无疑是个神奇之旅。一个少年奇才达到足球史上罕有的巅峰——我的这个形象一直流传了很久。从那时起，我给人的印象就一直是个热爱足球、热爱射门得分的人。但在最近几年有了一种说法，鉴于我的天赋，有人说我在球场上很不合群，对别人很冷淡。比如说，在 1966 年英格兰世界杯失利之后，《星期日泰晤士报》就撰文说，看到我受伤下场的样子，更加让人相信贝利“是个悲哀的百万富翁……一个内向、孤独的人，他不堪承受名声带来的压力，就把自己关在壳里”。

这种把我描述成孤独的巨星的报道纯属无稽之谈，只是记者们捏造出来引发争议、提高报纸销量的。再比如说，有的记者推测说，从上世纪 60 年代早期开始，我跟加林查就不和。其依据大多是说我们俩同时爱上了一个女人——巴西著名桑巴歌手艾尔莎·苏亚雷斯。

事实的真相其实挺有趣的。1962 年世界杯上我伤了腹股沟，所以我竭力尽快好起来重回赛场。一天下午，我们还在智利的时候，我半裸着身子坐在球员餐桌旁，这时艾尔莎走了进来。她看上去漂亮极了，性感，自信，充满活力。我不知道她是怎么进到球员更衣室里来的，带着惊讶，我抓过一条浴巾把自己裹了起来，然后跟她轻松地交谈着。这时加林查走了进来，也加入了我们的谈话。我一眼就看出来，加林查被她迷倒了。艾尔莎走后，加林查似乎还没回过神来。

“啊，贝利，”他安静地说道，“艾尔莎太酷了。”

“对啊。”我答道。

“她太不寻常了。哇哦，这么好的一个姑娘。”

我静静地坐在那里，脸上露出了一个笑容。

“唉，要是……”加林查欲说还休，“嗯，太可惜了，我已经结婚了！”

但是，已经结婚这件事并未阻挡住加林查对艾尔莎的迷恋。就在这次世界杯期间，他们开始约会；而加林查也在这次世界杯上有了最非凡的表现：在我受伤未愈的情况下，他带领巴西队夺得了1962年的世界杯。最后，加林查跟妻子离了婚，跟艾尔莎结合了。于是外界就有传言，说他是从我身边“抢走”了艾尔莎，所以我对他怀恨在心。这都是胡说八道。

现实中，我是很喜欢加林查的。我喜欢他乐观的性情，即便是获得了2届世界杯冠军，他还是那个在球队大巴车里跑来跑去往别人脸上洒冰水把人叫醒的家伙。当初在瑞典世界杯上我昏了过去，他是第一个跑来帮助我的人，对此我一直心怀感激。我们同样因为低贱的出身而被人看不起，1958年国家队试训时，我们俩是被队医严苛审查的乡下孩子。

1962 年我受伤之后，加林查一直安慰我，说我很快就能返回赛场了。“你不会抛弃我的，对吧？”他总是如此好心地说。他还说，如果队医们没办法了，他就让他们把我送到他的老家保格朗德镇，那里有个神婆，一定会把我的伤治好。

我跟加林查相处得很好，跟其他队员相处得也很好。但随着我渐渐长大，我开始意识到，“相处得好”还不足够。我平易近人，努力踢球，在球场上不遗余力；但我人生的第一篇章，那个只需要尽力进球、不需要有更多责任的角色，很明显已经到了尾声。

我从心底感觉到，我需要成长。毕竟，我已经不再是那个初次踏上世界杯球场的男孩，也不是 1962 年参加智利世界杯的 21 岁青年了。我已经是个大男人。到 1970 年世界杯时，我就 29 岁了，比在瑞典世界杯上带领我们这支年轻球队夺冠的、成熟稳健的迪迪只小 1 岁。我想，每个人都会经历这样的时刻——你突然发现应该为别人活着，而非仅仅为自己而活。对我而言，这种转变并非是在一夜之间完成的，也不是球场上的什么事令我顿悟了。导致我心态转变的，是一个新生命的到来——1967 年，我的第一个孩子凯丽·克里斯蒂娜出生了。看着她渐渐长大，变得像个小大人一样，我看待他人——包括我的队友们——的眼光也发生了改变。我渴望照顾别人、帮助别人的感觉，我想，如果埃德森能做到，那么贝利也能做到。

与此同时我也知道，世界已再次进入飞速发展变化的时期。1958 年我们去瑞典参加世界杯的时候，每个看到巴西队的人都心生惊讶，那时的世界对我们国家、我们的球队几乎一无所知。电视机是稀罕物，我们踢球的录像极少，无法供对手研究我们的强项和弱点。这种情况到了上世纪 60 年代依然如此。实际上，在我的职业生涯中有很多精彩的进球都未能呈现在电影或电视中。1961 年在马拉卡纳球场上，我为桑托斯俱乐部打入了一记 gol de placa——经典入球；当时没有录像设备，而球队的官员们很想以某种形式纪念这个进球，他们就在球场外放了一个展示板，向人们展示我是如何晃过几个防守队员射门得分的。尽管如此，只有当天在现场看球的球迷才能对那个进球有个直观的印象。

这件事听起来没什么大不了的，但它对我们的运营和备赛都有影响，还决定着我们球队的风格。没有实况录像的记录，我们更像是一群有才华的个体，而非一支真正的球队。我们不需要复杂的战术，只凭感觉在球场上快乐地踢球。这是巴西队尤其擅长的，也是我们能够成功的原因之一。但是现在，瑞典世界杯过去还不到 10 年，电视的普及已经拉下世界上所有神秘的面纱，足球当然也不例外。在 1966 年的英格兰世界杯上，我们已经看到其影响了：别的球队都有针对性地研究我们，制定复杂精密的战术。现在，只把一群有天赋的球员集合起来再鼓鼓劲是不够的，我们要有战术、团队配合，以及球队领袖。

有了这些感悟之后，我开始以一种全新的眼光看待

1966 年的失利。在与苏格兰踢平、受到教练的训斥之后，我跟加林查只是忍气吞声地离开——这样做是不对的。那时我们已是举足轻重的球队核心了，我们应该大声说出我们认为是正确的事；与之类似，在与匈牙利那场比赛中，当管理层不让我上场的时候，我不该逆来顺受地接受我的命运。

也许，为了让我明白这些道理，在英格兰世界杯上的失利也是有必要的；也许，对我而言，暂时远离国家队一段时间也是有必要的。与此同时还有一些积极的变化——桑托斯俱乐部的成绩不错，而我是队里的最佳射手，也就是说，我的身体已经完全恢复健康，我可以重回国家队踢球，同时又不会影响到俱乐部的利益。此外，在国际赛场上，在 1966 年世界杯之后，也出现了一些新的规定，如：比赛过程中若有球员受伤——就像当初我的情况那样——可以换人；而 1970 年世界杯上还首次出现了红黄牌，以控制比赛中的粗野动作。

在经过仔细考虑，又与马泽伊教授、妻子露丝、父母亲等人交谈之后，我给国家队的领导打电话，问他们是否愿意让我回去。他们说愿意。当时我就对他们许下诺言——从此刻起，我不仅要做一个得分手，还要成为球队的领袖。

10

这话说起来容易，做起来难啊。

1969 年之初，距离我们出发去参加墨西哥世界杯还有 1 年多时间，国家队的管理层做了一件令我们颇为惊讶的事：他们请来了若昂·萨尔达尼亚担任国家队的主教练。萨尔达尼亚是一位著名记者，1966 年世界杯时，在批评国家队混乱而妄自尊大的人中，他是声音最大的一个。他魅力非凡、擅长辞令、自信满满。以前的巴西主教练不会特意指定某个或某些球员，唯恐会冒犯到其他的球员；但萨尔达尼亚不是这样，他刚上任就宣称要选出几个核心球员并仰仗他们。

“我的球队是由 11 只野兽组成的，他们已经做好了一切准备，” 萨尔达尼亚对新闻界的老同事们说道，“他们会跟我同进退、共生死；不成功，便成仁！”

就这样，我们就变成了“萨尔达尼亚的野兽”。刚开始的时候，这种组合方式看上去的确挺好，萨尔达尼亚并没有跟以往一样组建一支巴西全明星队，而是把几支俱乐部的核心球员集合到了一起，让这些早已相互熟悉的球员一起踢球。此举解决了以往国家队中配合不够默契的问题——这支国家队中大多数人都是来自桑托斯和博塔弗戈这两个巴西当时最好的俱乐部。我们赢下了 1969 年几乎所有的比赛，预选赛中一场未输——这是先前从未有过的事。

可惜的是，萨尔达尼亚也有黑暗的一面。初识时的自信变成了危险、古怪的自大心理；他情绪很不稳定，酗酒的恶习也是人尽皆知。《纽约时报》在一篇报道中曾说他“直率、急躁、好斗，不切实际”。对那些胆敢批评他执教事宜的人，不论是媒体还是球迷，他都是加以斥责。有一次他被一个里约足球俱乐部的教练批评得火冒三丈，拿着枪就追过去了，还好最后没有人受伤。

这些影响开始在球场上显现出来。这一年的年末，我们在一场友谊赛中以 1 ∶ 2 输给了米内罗竞技俱乐部——父亲 1942 年曾试训的那个俱乐部。在巴西南部城市阿雷格里港对阵阿根廷时，我们又以 0 ∶ 2 输了。在此期间，萨尔达尼亚去了墨西哥和欧洲，侦察我们未来对手的情况。刚一回来他就开始随意将现有球员调出国家队，并引入新人，拆散了原先球队的核心，而从总体上来看的话，目前这支球队的表现还是很不错的。

这次我决定不再犯 1966 年同样的错误，我不愿再做那个逆来顺受的超级球星。上次我曾经得到过教训，这次我要把自己的意见说出来。我先是想跟萨尔达尼亚直接谈谈，但他根本不愿跟我坐下来谈话。所以，迫不得已，我向媒体表达了我的看法。“现在就大换血是不是太早了呢？”我说道，“我不认为现在是引进新球员的最佳时机。”

现在想起来，萨尔达尼亚没拿枪追杀我真是万幸；但他的反应跟杀我也差不多了。他对媒体说，现在是时候给巴西年轻一代球员表现的机会了；在与阿根廷的一场比赛之前，他未把我放进首发名单，说是出于纪律方面的原因；另一场跟智利的比赛之前，他说考虑把我调出国家队，说我的近视眼不利于夜晚比赛。

这个关于近视眼的说辞实在是太可笑了。是的，我的确近视，这在我 15 岁进桑托斯俱乐部踢球的时候就体检出来了；但这并不妨碍我踢球，事实上，近视甚至令我如虎添翼呢。在我最辉煌的那些年里，有些记者就曾提出一个有趣的理论：因为近视，所以我看到的球场要比正常球员眼中的球场宽阔很多。我不知道这个说法有没有科学依据，但近视绝不是我踢球的不利因素。

每个人都知道萨尔达尼亚想干什么，而他的所作所为已经让人无法容忍了。就在与智利的比赛之前，他被解雇了。我留在了首发名单中，并且打进了巴西队 5 个进球中的 2 个。

事情就这样结束了吗？没有。被巴西国家队解雇之后，萨尔达尼亚又回到了新闻行业，而有了不需负责任的发言权，他开始猛烈抨击我们。他说格尔森——我们的明星级中场球员——患有心理疾病，说替补守门员里奥一直很苦恼，因为他的胳膊太短了。而我，在“近视”这个话题上他没法再做文章，就说我的身材胖得不像样；而这又被证实是假话。于是他又转移了目标——在某天晚上的电视节目中，他说，真正悲哀的事实是贝利得了严重的疾病，但他无权说出真相。

当时我在家里看了这期节目。听起来不像是真的，我的感觉很好，但萨尔达尼亚说得太郑重其事，我禁不住开始纳闷——是不是他知道一些我不知道的事？球队的官员是不是出于怜悯或是不愿我从1970年世界杯上分心而故意瞒着我？毕竟这支球队的管理层曾有过类似的“恶行”：他们拆过球员的信件、禁止我们质疑他们的决定……当时的巴西，球员有时只是被当成一种财产，所以，这些猜想都有可能是真的。

我越是纠结，就越是相信自己得了什么重病，如癌症之类。整晚我都睡不着，第二天早上我找到技术委员会和队医，要求他们对我说实话——我是不是病了？他们回答说，这纯粹是胡说八道，只不过是萨尔达尼亚为了在公众面前保住面子而编造出来的。但我还是亲眼查看了过去和现在的体检报告，然后才放下了心里的石头。

事情已经过去很久了，我的怒气也消失了。萨尔达尼亚有很多问题，有些问题也许超出了他的控制范围。他为1970年的巴西国家队打下了良好的基础，也帮助巴西足球重拾自信，在这一点上他值得大家的称赞。最后，他死在了自己心爱的工作岗位上——1990 年他在意大利参加世界杯期间去世，身份是：记者。

新的主教练不仅在风度举止上跟萨尔达尼亚不同，他还是我的前队友和好朋友——马里奥·扎加洛。他是1958年和1962年巴西两次夺冠时国家队的核心球员。1950年世界杯决赛时，扎加洛也在马拉卡纳球场上，那时他还是一名18岁的士兵，来参加赛前的表演仪式。他观看了那场比赛，也暗自发下誓言：有朝一日一定要从乌拉圭手中夺回奖杯。

扎加洛担任巴西主帅时只有39岁，只比球队里的老球员大6岁，但他很快就树立起了战术大师、不玩阴谋诡计的形象。他赢得了球员们的尊重，一是因为他两获世界杯的光辉历史，二是因为他身上的那股威慑力——扎加洛在巴西东北部长大，从小就在惊涛骇浪里游泳，从而锻造出举手投足间的自信和坚强。说实话，他是我见过的最镇定的人。

我找到扎加洛，对他保证说我不会惹麻烦——萨尔达尼亚只是个特殊情况，那种事不会再有了。

"如果你不愿派我上场，我能理解。"我对他说道，"我[illegible]我保证。但请直接告诉我，别玩花样。"

[illegible]"他说道，用巨大的手掌拍着我的肩膀，[illegible]"

扎加洛颇为自信地保[illegible]细微调整。他的英明决策之一就是将埃杜[illegible]斯·德·安德拉德——外号"托斯唐"或"小硬币"——[illegible]入了国家队。托斯唐是巴西队历史上最有才华、最有活力的球员，他15岁就踢上了巴西甲级联赛，他少年成名，又跟我一样踢的是攻击型前锋，所以被人称作"白贝利"。不论是在球场上还是球场外，托斯唐都是一个很聪明的人，退役后当了医师。媒体对此有些议论，说同时将我和托斯唐放在场上是不可能的，我们的风格相似，位置重叠，但扎加洛用他的自信和智慧打消了这些顾虑。事实上，很多人后来都说，1970年那届国家队里，场上经常会同时有四五个"10号球员"。

这种安排在当时是绝无仅有的，有些人批评我们，说我们是一支只有进攻、没有防守的球队。但扎加洛认为，只要能让我们形成默契的配合，场上有多少才华出众的球员都不会有冲突。这句话听起来很简单，但在我的足球生涯中，我曾目睹过这种理念的实施难度。扎加洛鼓励大家畅所欲言，帮助他制订决策；这种执教风格是与1966年那种唯我独尊、封民之口的独裁气氛截然不同的。我们球队开会时，每个人都有机会发言，扎加洛只是坐在那里认真地听着，他相信自己能够容纳各种声音。就这样，慢慢地，一支真正的球队渐渐成型了。

12

就在我们准备去墨西哥时，政治再次干涉进我们的备赛事宜中来——其干涉方式也是前所未有。

此时巴西军事独裁政府的首领是奥米利奥·梅迪西，他是一个强硬的保守派，同时还是一个球迷。数年间他在军队一路爬升，同时也关注着巴西足球的起起落落。他在接受某家报纸采访时说，希望看到他最喜欢的球员——达里奥·何塞·多斯·桑托斯能代表国家队参加1970年世界杯，此举令我们大为惊讶。

达里奥又被称作“非凡的达达”，是一个非常优秀的球员，是巴西足球史上进球最多的球员之一，但当时的国家队里进攻型球员已经人满为患，并且，我们付出了很大努力才打造了互相熟悉又彼此信任的球队核心。所以，在这个时候，队伍里实在没有达里奥的位置了。

梅迪西为什么要这么做？也许因为他是达里奥的球迷，

是一个足球爱好者，但这只是其中一个原因。当时的巴西，还有些别的事情，这些事情只会增加我们在墨西哥世界杯上夺冠的压力。在上世纪60年代末，巴西的军政府变得更加独裁、更镇压异己，他们对媒体进行审查，在大学等机构里清洗可疑的“危险分子”，数以千计的巴西人流亡国外。当时有一句很流行的话——“ame-o ou deixe-o”——“要么喜欢，要么离开。”更糟的是，军事独裁政府竟然开始拘捕普通百姓并对他们施以酷刑。1970年年初的几个月里，就在我们忙着备战世界杯时，一位名叫迪尔玛·罗塞夫[1]的大学女生被关进了巴西南部的一所监狱并受到酷刑折磨：她被倒挂在金属杆上遭受电击。

刚刚听说这些事的时候，我们简直不敢相信自己的耳朵；这种恶行是发生在纳粹德国的，不应该发生在我们心爱的巴西。几年过后，智利的军事独裁者奥古斯托·皮诺切特[2]发动流血政变，还有，阿根廷的“肮脏战争”[3]。这些惨剧向全世界展示了南美的独裁者是多么残忍。很快，国家队

---

1 巴西女政治家、经济学家，1947年出生，2011年当选巴西总统，也是巴西历史上首位女总统。

2 1915—2006，智利军事独裁者。1973年在美国支持下他通过流血政变，推翻了民选左翼总统阿连德，建立右翼军政府。任内进行资本主义的新自由主义经济改革，同时残酷打击异己，造成大量侵犯人权的事件。

3 发生于1976年到1983年间，阿根廷右翼军政府国家恐怖主义时期，针对异议人士与游击队所发动的镇压行动。由豪尔赫·拉斐尔·魏地拉的阿根廷军政府所支持的以暴力抵制持不同政见的人民。在这段时期，先后由魏地拉、罗伯托·爱德华多·比奥拉和莱奥波尔多·加尔铁里所领导的军政府不合法地逮捕、拷打、杀害或强迫9000名（确认为已经遭到杀害的人数）至3万名的阿根廷人，致其消失。

的教练和球员们就亲耳听到了类似的恐怖事件，虽然我们不能确定其严重程度，但它们的真实性已经毋庸置疑了。队员们长时间地谈论当天的事态。我们是不是该说点什么？我们是不是该表达抗议？

可是最后我们还是选择了沉默。我们只是足球运动员，不是政客，我们不适合谈论政治。而扎加洛也听从了上面的要求，将达里奥招进了国家队。我们仍是保持沉默——暂时明哲保身。

13

在我参加的历届世界杯中，1970 年墨西哥世界杯是最疯狂的一届，也是最有趣的一届。这届世界杯有很多困难，如炎热的天气、高海拔的地理位置，还有时刻围绕在我们身边的混乱。但那些喧嚣而有见识的墨西哥球迷喜欢我们，感谢上帝，如果没有他们的支持，我们是不可能取得那么好的结果的。

举个例子来说明一下墨西哥球迷的热情吧：小组赛中，墨西哥队以 4 ： 0 击败了萨尔瓦多，赛后，数万墨西哥球迷冒着大雨拥上首都墨西哥城的街头。他们聚集在世界各国记者下榻的酒店门外，将主办方为本届世界杯制作的直径近 4 米的玻璃足球拆下来，欢呼尖叫着将其一路滚到了 2 英里之外的中央广场，然后在一片欢乐中将其变成碎片，分发给众人充当纪念品……

有些球队根本无法适应这里的环境。有的比赛场地条件太过恶劣，比如说，比赛地之一的托卢卡市海拔高达 2743 米；再比如说，为了让欧洲的球迷看到直播，国际足联把有些比赛安排在中午的烈日下进行，而有的球员根本适应不了这里的高温天气，有些比赛中——比如德国和秘鲁的比赛——整场比赛球员们似乎只愿待在看台下那一点阴影里踢球。

这是 1950 年巴西世界杯以来第一次在拉丁美洲举办的世界杯，欧洲人非常担心异域的病菌和危险因素。英国人从国内运来了瓶装水，还试图空运一些腌肉和香肠过来，还有自己的大巴车、小桌子等等。但他们未能如愿，墨西哥说害怕这些东西会带入口蹄疫病菌，就把所有英国运来的香肠在机场焚烧了，英国人只能吃墨西哥本国那辣死人的香肠。

巴西队也多多少少受到了这种气氛的影响。就在我们抵达后不久，墨西哥当局拘捕了 9 名嫌疑人，说他们要密谋绑架我。此后巴西队的管理层就要求我必须每晚换一个房间睡觉，球队的安保也升级了，甚至还为我指派了一名贴身保镖。这些事现在听起来挺吓人的，当时在某些方面来说也的确如此；但我当时并没有把它们放在心上。我前面曾经说过，生在那个时代，就得学着去习惯那些混乱的情况。我也是这么做的；所以，跟以往一样，我每天都睡得很安心。

主教练扎加洛和球队的管理层尽力让我们处在一种舒适、安宁、远离纷扰的环境之下。巴西队是 16 支参赛队中最早抵达墨西哥的，我们在首场比赛前 1 个月就赶过来了。

我们的小组赛是在高海拔的瓜达拉哈拉市举行，早来是为了尽快适应这里的环境和气候；但我认为，球队主要是想让球员们更多地待在一个地方，避免再受到 1966 年世界杯期间那种狂欢节似的气氛影响。他们希望我们能一起生活、一起训练、建立纽带。

到那时为止，球队的核心球员已经集训了一年半的时间。在球场上，我甚至能提前预知到队友的跑位，反过来也是一样。到达墨西哥之后，我们的默契程度更高了，我们一起吃饭，一起看比赛录像，感觉就像是兄弟一样。

一天晚上我给妻子露丝打电话，她对我说，全家人每天都聚在一起为我们祈祷。于是我就想：如果能让队员们也成立一个祈祷小组是不是很好呢？我将这个想法告诉了队长，亦即我在桑托斯俱乐部的队友卡洛斯·阿尔贝托。他也觉得这个主意不错。于是我们又把这件事告诉了球队管理层的安东尼奥·德·帕索，接着，托斯唐、皮亚扎，还有受人敬重的助理教练马里奥·亚美利哥也加入了我们。很快，包括球员在内的巴西代表团的 40 名成员都加了进来，我们每天晚饭后都一起祈祷。这件事并没有强制命令，但不论是不是天主教徒，大家都自觉参加。

我们每天都要为祈祷找一个主题：疾病、越战、国内的政局、亲人的健康……但我们从未祈祷去获得本届世界杯的冠军，我们只是希望不要有人在比赛中受伤，我们祈祷上帝把我们团结在一起，祈祷他保佑家人的安康。

说实话，与 1958 年瑞典世界杯相比，1970 年这届巴西国家队并没有那么多才华横溢的球员。国内认为我们能夺冠的人也不多，有些记者甚至认为我们连小组赛都不能出线。但是，看着大家每天祈祷，每天在一起生活，以我 10 多年职业生涯的眼光来看，这支队伍身上有种此前从未有过的东西。在训练中，在比赛中，我们的表现远远超过了每个人才能的总和。我们踢得非常好，进而也渐渐意识到，我们拥有某种特殊的东西。

这是足球教会我的另一个道理，而在 1970 年世界杯之前我从未领会到。在墨西哥，在祈祷中，在训练中，在球队会议中，在吃饭、打闹中，在队员的兄弟情义中，我终于发现了一群球员真正融合在一起意味着什么。我看到的，是一支队伍的力量。

14

1970年世界杯还有一个很有意思的事：好像过去的巴西足球曾经历过的恐怖和不安再次摆在了我们的面前，而要想夺冠，就得一个一个把它们消灭。

第一场比赛就是这样。

我们首场比赛的对手是捷克斯洛伐克，1962年世界杯时，正是在跟捷克斯洛伐克的比赛中我拉伤了肌肉，缺席了剩余的比赛。关于那场比赛，除了我的伤痛，我记得的还有职业生涯中见过的最高尚的体育道德精神。在我受伤之后，因为当时的规则不允许换人，所以我就仍然待在场上；而捷克斯洛伐克的球员本可以继续“攻击”我的伤腿或维持粗暴的防守策略，从而彻底把我“废掉”。这样做可以把我伤到不能上场，从而获得多一人的优势去赢下比赛。但这样同样可能会令我的腿伤长时间无法痊愈，甚至再也不能踢球。但是，捷克斯洛伐克的球员们在剩下的时间里放弃了对我的逼抢。尤其是这三个球员——马索普斯特、波普卢哈尔、拉拉，在我接到传球之后，他们甚至会后退两步，拉开与我的距离。他们在保证我没有威胁的前提下，让我安全地踢完了比赛。那场比赛最终以 0 ： 0 收场。时至今日，我仍对捷克斯洛伐克球员的风度心存感激。

赌博公司将1970年这支捷克斯洛伐克队列为强队之一，而鉴于以往交手的经历，我们当然也不敢对其掉以轻心。但我们现在也有比赛录像可供研究了，而我赛前曾花大量时间观看欧洲球队的比赛录像。在录像中，以及在此前踢过的友谊赛中，我发现欧洲球队的守门员新学会了一种技术——当足球在对方半场时，他们习惯于站在大禁区前沿离自家球门很远的位置，似乎是充当后卫的角色。所以，与捷克斯洛伐克的比赛开始后，当我发现他们的守门员维克托也是这样的时候，我决定试一下自己的运气。

我持球向前跑动，刚刚过了球场中线，距离对方球门大概有 60 米的距离，这时我一脚将球高高踢起。这时我听到了看台上观众们的抱怨声：“贝利这是在干什么？”接着足球沿着抛物线向球门的右门柱飞去，而维克托大惊失色，转身向球门奔去。观众们这时才明白我这脚球的目的，他们的抱怨立刻变成了欢呼。

我还在球场上跑着，眼看着足球飞动、下落……却擦着门柱出了底线，没进。观众们发出失望的叹息声，接着又赞赏地鼓起了掌。而这时的维克托仍一副心有余悸的样子，似乎刚刚经历过车祸一样。

奇怪的是，虽然没有进球，却有很多人说我那次射门是1970年世界杯上最值得记忆的时刻。事实上，即便到了今天，有人在见到我时还会对我说，在我所有的比赛中，那是他们印象最为深刻的一场。唯一可惜的是球没进！

当时我的失望感并未驻留太久。上半场双方1：1打平。但下半场刚刚开始，格尔森就传给我一记长传球，我胸部停球，未等足球落地——在维克托还没明白过来之前——就凌空抽射将球踢进球网。

2：1。

当天下午捷克斯洛伐克踢得也很好，但我们的进攻火力太猛了。雅伊尔津霍——我们的明星前锋——随后又打入两球。最终比赛以巴西4：1获胜。在这场比赛中，我们展示了作为一支球队的能力，我们摆脱了以往的种种错误踢法，并且用中场吊射这样的神来之笔向所有的对手证明：那支球风华丽的巴西队又回来了。

“近视眼”那种说辞销声匿迹吧！

15

我们的下一场比赛是两个世界杯冠军之间的宿敌之战——巴西对英格兰。这场比赛我已经盼了4年，并极度渴望上场。我们知道这场比赛可能是1970年世界杯上最难踢的比赛之一，但我们同样知道，我们有一个可怕的秘密武器，那就是墨西哥的球迷。

英格兰的主教练阿尔弗雷德·拉姆塞爵士是一个好人，也是一个战术大师，我对他非常钦佩，但他在1966年世界杯的夺冠之路上战胜阿根廷之后，曾说阿根廷的球员都是“野兽”，这句话惹怒了一部分人，拉丁美洲的有些人甚至将其视作对自己的侮辱，并公开表达他们的愤怒之情。在我们与英格兰比赛的前一天晚上，200多名墨西哥球迷聚集在英格兰队下榻的酒店外面，他们拿着鼓、平底锅、喇叭等“噪音制造器”，一直闹到凌晨3点，直到警察鸣枪示警才四散离去。

正像我前面所说的那样，这是一届疯狂的世界杯！

拉姆塞教练还放出话来，说英格兰不仅要从我们这个小组出线，还要重现1966年的辉煌，再夺世界杯。他说这些话是有根据的——他有一支实力雄厚的球队，其中包括博比·摩尔、博比·查尔顿等4年前那支夺冠球队的老队员。但在比赛那天，瓜达拉哈拉球场内的球迷似乎还在继续前一晚的“聚会”——我从未见过如此喧嚣的球迷。看台上几乎都是墨西哥人，虽说来现场看球的巴西人只有200来个，但几乎所有人都在为巴西喝彩。我感觉就像是在主场作战。这简直太棒了。

我们同样得知，全世界都在观看本届世界杯。在过去4年的时间里，电视机的普及速度太快了，1970年世界杯也是首次以彩色画面转播比赛。而记者们报道说，巴西与英格兰的这场比赛可能是有史以来观看人数最多的一场比赛，仅在英国就有2900万人收看了比赛，几乎和观看人类首次登月的人数相当。

扎加洛教练一如既往保持着冷静和镇定。他在赛前对我们说，不要听信那些宣传，也不要被球迷所影响。“别以为跳跳舞就能轻松获胜，”他如此说道，“也不要急于在一开场就进球。”

比赛开始才10分钟，我就有机会证明他的说法是错误的。雅伊尔津霍突破了防守队员，将球传进了大禁区里。我高高跃起，睁大眼睛，将球顶向球门。在顶到球的那一刻，我就知道这球能进，但英格兰的守门员戈登·班克斯做了一次精彩的扑救，将球托出了横梁。这可算是世界杯史上最漂亮的扑救之一了，而双方上半场也以 0 ：0 结束。

现在回想起来，如果当时我那个头球进了并赢下了比赛，那么其表现出来的还是个人能力，而非整体足球。如果说 1970 年这支巴西队是一个整体的话，那么我们就得用一个团队配合的进球来证明它，去展现我们在过去一年时间里培养出来的默契。

下半场进行了 14 分钟之后，托斯唐传给我一记美妙的“no-look pass”[1]。“带球的时候我并没有看贝利，”他后来说道，“但我知道他的跑位是怎样的，因为每次我沿着左路突破时，他总是会包抄到中路。不会错的。”果然，我在英格兰队球门前接到了那个传球，但我并没有起脚射门，在吸引了 2 名防守队员之后，我又将球传到了右边——雅伊尔津霍正等在那里，无人防守，他跟上一步，将球打进球门。

守门员对此无能为力。看台上的墨西哥球迷都乐疯了。巴西 1，英格兰 0。

1 ：0 也是全场比赛的最终比分。这是一场艰苦的比赛，也是团队足球的胜利。数十年后扎加洛还说那是他“看过的最精彩的比赛”。

赛后，墨西哥的球迷来到我们入驻的酒店庆祝我们的胜利。到处都是人，大约有好几百个，他们笑着，拍着我们

1　不看人的传球。

的后背称赞我们，还到走廊和我们的房间里大喝啤酒和龙舌兰。连我的保镖都有些应接不暇——有个球迷溜进了我的房间，把我的 14 件球衣一扫而空，都拿去当纪念品了。我并不十分在意，但我下场比赛可就没衣服穿了！球队的管理层想起来，上场比赛结束后我跟英格兰队的博比·摩尔互换了球衣，他们甚至想去找他把我的球衣要回来。但最后他们还是想办法紧急空运了一些球衣过来，解决了我的“无衣之急”。然后我们就继续庆祝去了。

就像先前我说过的那样——生在那个时期，你只能适应其混乱。

16

我们接下来的那场比赛也很棘手——在小组赛最后一场比赛中，我们以 3 ： 2 战胜了罗马尼亚，在四分之一决赛中遇到了英勇的秘鲁队。与秘鲁的比赛对我有特殊的意义，因为他们的主教练是迪迪——我的好友，“埃塞俄比亚王子”，1958 年瑞典世界杯上带领我们夺冠的巴西队长。他退役之后继续发挥余热，将秘鲁队训练成了一支素质超群、攻击犀利的强队。我们的比赛打得大开大合，整场都是进攻与反击，从观众的角度来说，这场比赛是非常好看的。最后巴西 4 ： 2 赢了。

赛后大家都赶到球员休息室去收听比赛转播——此刻墨西哥城正进行着一场胶着的比赛，而其结果将决定谁是我们在半决赛的对手。虽然大家都怀着刚刚打败秘鲁的愉悦，但房间里针落有声。大家都不作声，事实上，比赛结束后没有一个人去洗澡换衣服。我们的心思都放在了这场比赛上。

常规比赛时间结束，双方打成 0 ： 0，随后进入加时赛。最终，在加时赛接近尾声时，一支球队进球获胜。

我们面面相觑。

我们都笑了。

大家都觉得难以置信。

我们的下一个对手是——乌拉圭。

17

我这一生中曾发生过很多自己都无法理解的事。你或者可以将其称作“巧合”，但我觉得这个词不足以形容其奇妙。是的，我相信，在我们人生的某个时刻，上天自有其安排。巴西在半决赛中对阵乌拉圭——20年前心碎马拉卡纳球场之后，第一次又在世界杯决赛中遇到宿敌，我不知道该怎么去解释这种巧合。我觉得上帝并不在乎球场上是谁跟谁在踢球，他有更重要的事情要做；但他还是将我们送上这样一段旅程，帮助我们成长，同时感激他的眷顾。现在，那个当天哭红了眼睛向父亲承诺一定会在世界顶级赛场上找乌拉圭报一箭之仇的小男孩，终于有了践诺的机会。只有上帝才能解释这种巧合。也许有一天我会亲自问问他老人家到底是怎么回事。

这届巴西队里，几乎每个人都跟1950年的世界杯有着千丝万缕的联系。几乎所有队员——那时还都是小孩子——

都在那一天收听了比赛，又在赛后跟家人一起痛哭流泪。扎加洛教练当时就在现场看球。而年轻的队员——当时也许还不会走路——也明白这场比赛的重要性。巴西的媒体……他们更不会忘记这场比赛的意义，国内的报纸纷纷刊登 9 岁贝利的旧事，更加渲染了这场比赛的复仇气氛。

“哪怕得不到世界杯都没关系，但这场一定要打赢乌拉圭！”我记得一位队友如此说道，“20 年了，他们一直都像是巴西喉咙里的刺啊！”另一个队友说。

我想说些什么，好让队友们保持冷静；我想让大家别受宣传的影响，以平常心对待与乌拉圭的比赛，但我说不出口，因为那都是假的。大家群情激昂，热血沸腾。我们的压力太大了，比赛开始后，好像历史又要悲惨地重演。

开始时我们发挥明显失常，失误频频。乌拉圭队摆出的是铁桶阵般的防守：他们 10 名球员全部退到自己的半场进行防守，前面只留下 1 个前锋。20 分钟过去了，乌拉圭首先进球，取得了 1 ∶ 0 的领先。巴西的电视和广播中再次泛起紧张的情绪——历史真的会重演吗？

巴西的球员们重新建立起彼此的信任和默契，随着时间的流逝，我们的传球变得更加清醒和冷静。我们的状态回来了。传球的空当也打开了。我们不再退缩，开始前压。就在半场结束之前，克洛多瓦尔多接到托斯唐的传球，扳平了比分。

半场休息过后，我们回到场上，状态已经完全恢复，这时的我们传球精准，射门巧妙，意识超前，故而也被称作“足球史上最具观赏性的球队”。有一个场景是很多人都记得的：我从托斯唐那里接到一个传球，在带球前突时一个假动作晃过了守门员，找到射门的空当。但可惜的是，那个球打偏了。真是有意思，1970 年世界杯上我的射门中，没进的那些球反而比进的那些更有名气！那场比赛我的运气不佳，但队友们的表现都很出色，最终我们以 3 ∶ 1 战胜了乌拉圭。

赛后在走下场的时候，我好像又变回了 9 岁。我脸上挂着灿烂的笑容——巴西队的球员们都是如此；我们感觉童年时的委屈和 20 年的压抑终于有了扬眉吐气的时候。这是一种无与伦比的成就感，它过于美好，令人不敢相信，就像是我们斩杀了一头追杀我们多年的恶龙一般。而为了让这个成就更加圆满，胜利的果实更加甜蜜，我们只需再赢下一场比赛即可。

18

一路披荆斩棘进入决赛，我们感觉自己是无可阻挡的——连强大的意大利蓝衫军团都不行。

意大利的足球传统一点都不比巴西差。此前我们都获得过 2 次世界杯冠军，而在打法上，意大利似乎跟巴西的攻势足球是两个极端；他们以防守见长，本届世界杯以来的五场比赛中，他们只失去了 4 个球。有些专业人士认为，我们的比赛将会很艰难，一位英国作者将其称作“矛与盾的对抗”。我敬佩意大利队的坚强和韧劲、他们的才华和意大利球迷对足球的热情。这一定会是一场极好的比赛。

这场比赛同样还有历史意义：数年前国际足联就决定，如果一个国家夺得了 3 次世界杯，就可以永久保留雷米特杯。这是一种荣耀，也是一种圆满。[1] 雷米特杯经历过很多离奇

1　西方基督文化认为数字 3 是完美的象征。

事件：1938年意大利曾获得当年的世界杯冠军，暂时保有雷米特杯，接着第二次世界大战爆发。当时国际足联的副主席是意大利人奥托里诺·巴拉西，他把奖杯藏在床下的鞋盒子里，以防落入坏人之手。1966年雷米特杯在英国世界杯前夕失窃，英国开展全国搜索，一个星期之后被一只名叫皮克斯的小狗在树篱下发现——用报纸裹着。大家想必也能明白，在经历了这么多年的坎坷之后，不论是巴西还是意大利最后把它带回家、让它从此安顿下来，都是一件非常有意义的事。

比赛当天，墨西哥城天降大雨，比赛前才停。有人说大雨导致球场泥泞，对防守风格的意大利队更加有利；幸运的是，大雨对我们的秘密武器——现在已经是公开的秘密——墨西哥助威团并无影响。当天到现场看球的墨西哥球迷达到了10.7万人，他们热情地为巴西队加油打气，不仅是因为同为拉丁美洲同胞的情谊，还有他们对意大利队的怨恨——在四分之一决赛中，意大利以4∶1淘汰了墨西哥。

比赛开始之后，外界的种种影响就都消失了，我们全身心地投入比赛，心思全放在了球员之间的配合上。于是，令我们欣慰的——我们的默契达到了完美的程度。托斯唐和里维利诺制造出了一个机会，我在球门一侧高高跃起——某家报纸说是“像条大马哈鱼跃出水面一样”；当时正有一位意大利球员对我贴身防守，但小时候父亲对我进行的傻瓜一样的重复训练再次有了回报，我滞留在空中，头恰恰顶在球上，足球越过意大利守门员恩里科·阿尔贝托西伸出的手掌，打破僵局。

巴西 1，意大利 0。

但随后意大利迅速扳平了比分，上半场以 1 ∶ 1 结束。回到休息室之后，我们都很镇定，大家的话都不多，连以往中场休息时鼓劲打气的话都没有——因为我们彼此信任，大家都知道，只要我们继续努力，像一个整体一样踢球，结果就一定不会让我们失望。

的确如此。1970 年世界杯决赛的下半场是我迄今为止最美好的经历。这么多年过去了，每当想起当时的情景，我都激动得浑身起鸡皮疙瘩。那是竞技能力、执教水平和团队合作的完美融合。下半场前 20 分钟里，我们不断冲击，不断进攻，但总是没有收获。终于，一次完美的团队配合——格尔森将球传给埃维拉尔多，埃维拉尔多又传给雅伊尔津霍——我们的攻击尖兵；这时意大利的防守队员向他紧逼过来，雅伊尔津霍又把球传给了球门前的格尔森，后者拔脚怒射，球进了。

巴西 2，意大利 1。

刚刚过了 5 分钟，亦即全场比赛的第 71 分钟，格尔森又组织了一次进攻。他穿破意大利的防线，看到我靠近球门，就传给我一个高球，我跟上半场头球攻门一样跳起，把意大利守门员吓了一跳；但这次我并没有把球顶向球门，而是摆渡给了埋伏在球门另一侧的雅伊尔津霍，他轻松射门得分，从而成为了在一届世界杯上的每场比赛都有进球的球员，这个纪录至今无人打破。

巴西 3，意大利 1。

比赛的第 86 分钟是我职业生涯中最难忘的时刻。我在对方球门前拿到球，我本可以自己射门，但我通过眼角余光看到卡洛斯·阿尔贝托正从右侧插上。卡洛斯·阿尔贝托是我在桑托斯俱乐部的队友，也是我的好朋友，他是一个后卫，大多数情况下他是没有射门攻门机会的，在世界杯比赛中更是如此。但在这一刻，在这上天眷顾的日子里，他在门前有了一个绝佳的射门空当，所以我就将球传给了他，他亦将其转化为一个进球。

巴西 4，意大利 1。

对我而言，下半场巴西队的这些进球就像是一个圆圈终于合上了口子。1958 年我首次参加世界杯的时候，只是一个冲在前面的得分手；现在，我起到的是当年迪迪的作用——为队友创造进球机会。我感到很自豪，这是我一直梦想的角色。

终场哨声响起，人们拥到球场上。他们把我、格尔森、雅伊尔津霍、卡洛斯·阿尔贝托扛在肩膀上巡游全场。我头上不知从哪里冒出来一顶墨西哥宽檐帽，我把它留下了，至今把它放在巴西的家里以作留念。接着就是“掠夺”纪念品的时刻，我的上衣在混乱中不见了，不过其余的衣物都幸免于难，在这一点上我很幸运。最惨的是托斯唐，他几乎被人扒光了——球衣、球裤、鞋，甚至连袜子都没给他留下！我们笑得前仰后合，停都停不下来。30分钟的狂欢过后，人们渐渐安定下来，我们也回到了休息室里。

几乎每个人都有相同的观点：这场比赛非常经典。意大利队的主教练赛后说：“巴西的队员们就像长了翅膀一样。”负责盯防我的塔尔西斯奥·布尔尼什在多年之后说：“比赛前我告诉自己，贝利也是有血有肉的人，跟大家是一样的。但是我错了。”英国的《星期日泰晤士报》——1966年世界杯后说我是个“悲哀的百万富翁”的那家报纸——的头版头条标题是：《贝利这个名字怎么写？G-O-D》。

这种前后转变真是太甜蜜了，但我最开心的时刻还是在赛后的休息室里。我坐在那里跟队友们喝着水，这时感觉有人轻轻拍了拍我的肩膀。开始我还以为又是一个记者，所以就没回头。

这时布里托对我说：“嘿，伙计，是扎加洛啊。”

我转过头，站起身来。我们的主教练就站在那里，脸上挂着喜悦的泪水。对我而言，他就是一个永恒的存在——在巴西获得的3个世界杯冠军里，都有他的贡献。他一直都在，开始是我的队友，现在则是我的教练。我们长时间紧紧拥抱，拍打着彼此的后背。

“我们一起夺了3个冠军了，”我抽泣着说，“没有你是不可能实现的。”

19

我的国家队历程终于到了结束的时候。1971年，又踢了几场友谊赛——告别赛——之后，我就从国家队退役了。

这一次，促使我做出这个决定的仍是政治。在赢下1970年的世界杯后，巴西的军事独裁政府将我们的胜利用作宣传工具，借以掩盖巴西的种种问题。在此期间，非法拘捕和酷刑的传闻有增无减。政治虽然不是我选择退役的唯一原因，但它绝对是其重要因素。我受不了有人利用我们的胜利去掩盖他们的暴行。

现在回头去看当时的情况，我很后悔在上世纪60到70年代没有站出来针对百姓受到的镇压和虐待说些什么。我想，在我这一生中，因为对足球过于专注，反而使我变得十分保守——不是在政治方面，而是说我更愿意去接受现状。成年之后的我还跟小时候一样，只想着上场踢球。我有时候甚至会认为，只要不去挑明那些问题，就能让政治远离足球，从而能够全身心地投入到比赛中去。这，当然是不可能的。

很多年过去后，2011 年时，机缘巧合之下，我跟迪尔玛·罗塞夫坐在了同一架飞机上。她就是前文中我曾提到的、在 1970 年被巴西军事独裁政府迫害的年轻左翼激进分子；现在，她是巴西的民选总统。她任命我为 2014 年巴西世界杯的形象大使，而我们在飞机上的谈话自然而然地转到了国家层面。

“足球振兴了巴西，但它也掩藏、遮盖了很多问题，”迪尔玛对我说道，“我们希望巴西能像足球场上的表现一样好，这就是我跟同志们的奋斗目标。”

“我们不如贝利有名气，”她继续说道，“所以我们需要用别的方式去吸引民众的注意力。”

“现在我是巴西的总统了。我仍将致力于推动巴西的发展。”说到这里，她倚到座位的后背上，笑了，“你能明白我是怎么一步一步走到今天的吗？”

我也笑了：“这倒是咱们俩的共同之处。我也常常思考这个问题。”

第4章 美国，1994

1

我走上球场，穿着一身白色西服，扎着彩色领带。这是我这一生中最激动的时刻之一。

现场的 9.4 万名观众尖叫着，欢呼着，挥舞着小旗子，热切盼望着 1994 年世界杯决赛的上演。场地上有士兵、啦啦队、代表团，还有 24 支参赛队的国旗。球场一边，巴西队正在热身；这是 1970 年以来他们再次打入世界杯决赛——用我们的标准来看，24 年的时间几乎相当于遥遥无期了。球场的另一边是意大利队。这就像是墨西哥世界杯决赛的重演，是两支世界最强队伍的大碰撞。

但我的激动与球队无关，而是因为这次比赛的举行场地：美国加利福尼亚州，玫瑰碗体育场。

“女士们先生们，”主持人说道，“我们荣幸地邀请到 3 届世界杯冠军得主、与此次比赛有千丝万缕联系的球员来到现场；而与他同时入场的是世界著名女歌手。下面有请：

惠特妮·休斯顿、贝——利——！”

我与惠特妮携手笑着跑进球场，到达球场中央位置时，她将抱着的足球递给我，我用尽全身力气将它踢向看台。看台上沸腾了。

惠特妮唱歌的时候，我站在那里，仍然不敢相信这是真的——世界上最伟大的体育运动的顶级赛事，正在全世界最发达的国家举行。20年前，没有人会相信——足球会在美国流行起来。与之相比，人们更愿意相信火星人占领了地球。

那么，这件事是如何促成的呢？答案是——通过很多人的不懈努力。其中有：米克·贾格尔、亨利·基辛格、罗德·斯图尔特、亚美尼亚的兄弟俩，还有美国娱乐业大亨史蒂夫·罗斯（他对此有着独特的、一根筋的、特立独行的疯狂执着）。

当然，还有我。

是的，这又是一个疯狂的故事！

2

1971 年年初，墨西哥球迷的欢呼声似乎还未停息，但我已经准备跟足球说再见了——这一次是永远离开。那时我才 31 岁，但父亲和马泽伊教授一直在提醒我足球生涯太长的坏处：可能会给我的身体造成永久的伤害，会占去大量与家人相处的时间，会失去很多人生的机会。换句话说，我该去过正常人的生活了。

说实话，我的身体状况还算不错，但在踢了近 15 年足球之后，我的心感到疲惫了——尤其是因为这种四处漂泊的生活。1970 年世界杯结束后又过了 6 个星期，我的儿子出生了，家对我的吸引力又增大了许多。我很明白在巴西一个小男孩的成长是什么样子，我担心，如果我不常常在他身边，他会迷失了方向。还有，由于足球，由于我的名气，妻子露丝感觉既孤独又郁愤，她对记者说，在我外出参加比赛，而她待在桑托斯的时候，她觉得“就像是生活在笼子里一样”。

我与足球的离别用了很长很长的时间。按照我的计划，我首先在国家队退役。国家队说要为我在里约和圣保罗举行两场告别赛，虽然我觉得这种方式太过招摇，但还是同意了。我在正式比赛上几乎不会紧张，哪怕是在世界杯决赛上也是如此。我在正式比赛中总是非常镇定，有时甚至会利用对方的紧张心理制造机会——比如在1970年世界杯上与捷克斯洛伐克比赛时，我从中线位置的吊射。但在告别赛上，我总是非常紧张。我不知道其中的缘故。也许是因为在告别赛上所有人的注意力都放在我一个人身上，而比赛的激烈程度也不强，很难让我全身心地投入比赛。不管是什么原因，我在告别赛上就像是圣诞夜等待圣诞老人的小孩一样。更奇怪的是，尽管我还记得有过这样的比赛，但其细节却怎么也想不起来了。

如果能找到留存到现在的报纸，上面的报道就证明了那些比赛的确举行过。最后一场告别赛的对手是南斯拉夫队，里约的马拉卡纳球场里来了18万名观众，并且向全世界转播。据报道，为了收看这场比赛，西班牙的塞维利亚市甚至取消了原定的斗牛比赛。马拉卡纳球场里，球迷们点燃了烟火，挥动着白手帕。比赛结束后，我最后一次脱下巴西队的10号球衣，绕场环游，身后跟着一群代表着巴西足球新希望的年轻球员。看台上的观众高喊着“Fica！ Fica！”——“留下！留下吧！”

球迷的热情令我受宠若惊，也造成了一些猜测。因为

1966 年我曾“退役”过一次，随后又改变了主意，所以这一次球迷们都觉得我又是在作秀。这件事全怪我！事实上，的确有各种各样的挽留，希望我能继续踢 1974 年的西德世界杯。到处都有球迷问我这个问题。很多年里，不论是接受采访还是在公共场合，总会有人这样问我。有个律师甚至向巴西联邦法院提交了一份宣誓证词说，因为我受国家体育总会管辖，可以通过法律强制让我为巴西队踢球！还好他的提议未获批准。时任国际足联主席的是巴西人若昂·阿维兰热，他一直劝我回心转意；在距 1974 年世界杯还有几个月时，他给我写了一封公开信：

“我希望能够得到一个鼓舞人心的答复，”他在信中如此写道，“让我们的国民为之欢呼雀跃，就像春风拂过绿地一样；这片绿地是由巴西国民对足球的热爱所浇灌，而你正是这项运动的全民偶像。”

哇哦，这个要求真的令人无法拒绝。扎加洛——我的朋友、1970 年世界杯时的国家队主教练——也劝我再好好考虑一下，说我是巴西攻击线上不可或缺的一员。而给我更大压力的是：巴西军事独裁政府的新领袖——埃内斯托·盖泽尔总统公开宣称他想让我重回国家队。在我仍未拿定主意时，他的女儿竟然亲自到我桑托斯的家里拜访。“你参加 1974 年世界杯，对巴西意义重大，对我父亲意义重大，”她说道，“对我们国家也有好处。”

面对以上种种要求，我真的受宠若惊，但我的决定并未动摇：不，谢谢。我选择退役是有原因的，既有个人的原因，又有政治的原因。我很幸运能参加 4 届世界杯，而最后一届是我感觉最好的。在我的职业生涯中，我一共为国家队打入 77 个进球——这项纪录至今在国家队里无人能破。我真的想结束了。我很荣幸能够代表国家队踢球，也愿意继续代表巴西，但不是作为国家队的球员。

从国家队退役之后，我与桑托斯俱乐部的合同还有 2 年才到期。上世纪 60 年代桑托斯俱乐部的辉煌已经不再，我的很多老朋友——佩佩、吉尔马・桑托斯等人——都已经退役。而球队的主教练似乎一天一换。俱乐部还犯了一个大错误——他们解雇了我的好友兼顾问：马泽伊教授。1972 年某家报纸说我们是“一支曾经很吸引人的好球队”。这句话也许有些难听，却是很在理。1973 年我们甚至以 2 ∶ 3 输给了一支英国的三流球队——普利茅斯队。与此同时，桑托斯俱乐部似乎是要在我离开前榨干所有好处。距离我合同到期还有 18 个月的时候，俱乐部组织我们到南美、加勒比地区、北美、欧洲、亚洲和澳大利亚参加各种比赛。我猜，也许廷巴克图[1]是我们唯一没有去过的地方了。我这一生中从未如此奔波，而在儿子出生之后，这种情况是我最不愿看到的。到那时为止，我已经为桑托斯俱乐部踢过 1000 多场比赛，这种不间断的奔波更加坚定了我的决心——是时候离开了。

1 西非内陆国家马里的沙漠城市。

话虽如此，桑托斯俱乐部的告别赛跟国家队的告别赛一样令我感动。我最感动的是最后一场比赛，我们的对手是科林蒂安斯，又被称作“Timão”——“大球会”。每次跟科林蒂安斯比赛我都像是上满了发条一样——在跟他们的 49 场比赛中，我一共打进了 49 个进球，这是一个非常高的进球率了。平常跟他们比赛时，我的心思总是百分百放在进球和庆祝胜利上，但在那一天，当我踏上圣保罗的球场准备踢最后一场球时，我的心深深震撼了：现场的球迷打出了写有我名字的横幅，并为我欢呼，好像我是他们的队员一样。当天的比赛甚至创下了科林蒂安斯俱乐部的售票纪录。这令我想到，虽然球迷爱着他们的主队，但他们最爱的还是足球这项运动。这种热爱就是球迷和球员之间的纽带，不论后者是为什么俱乐部，是为哪个国家效力。

我为桑托斯俱乐部踢的最后一场球，对手是桑托斯州的庞特普雷塔俱乐部。我心里很不好受——说实话，压力是主要原因——为了最后这次谢幕演出，我做好了各种心理准备，但我觉得连迈步都很困难，比赛开始后感觉才好了一点。我不知道该怎么向全场的观众道别。比赛开始后 20 分钟，我当时位于球场中央，这时桑托斯俱乐部的队友传给我一个半高球。

这次，我并未有像往常一样胸部停球将球卸在脚下，而是用手把球接住了——在足球场上，用手接球是绝对错误的。观众们都倒吸了一口气。别的球员都盯着我，目瞪口呆。

这就是我的道别方式——就这样吧，伙计们。结束了。

我拿着球跑到球场一角，泪水顺着脸颊滑下。我跪了下来，展开双臂，仿佛是要去拥抱什么。我想感谢在场的观众，感谢所有支持我的人，感谢我的巴西同胞们，当然，还要感谢上帝。还有几周我就 34 岁了，我的职业生涯就此结束。

第二天《纽约时报》刊文说："贝利，巴西的传奇前锋，举世公认的世界最佳球员，开始慢慢恢复埃德森·阿兰特斯·多·纳西门托的身份。从此，他就只是一位富有的巴西企业家，过着打猎钓鱼的悠闲生活，同时回归家庭，为人夫、为人父。"

嗯，我就是这么打算的。

3

刚从桑托斯俱乐部退役的几周时间里，人们说起我就像是我已经去世了一样。朋友、前队友、记者等来到我在桑托斯的家中，告诉我别担心，他们还会不时过来看看我。每个人都问我是不是还好。我当然好！但人们还是不断这样问我，后来弄得我自己都有点搞不清了：我真的还好吗?

露丝和我很想去过一种“普通人的生活”，于是就开始一起出门吃饭。这倒是件新鲜事，我们已经有 10 年时间没有一起到外面吃饭了（除了偶尔几次个别情况），因为害怕被热情的球迷打扰。每到一个新地方吃饭，总会遇到这种事。总有人走到我们桌前，想跟我聊聊 1958 年对阵法国时我打进的 3 个进球，说说加林查的事，讨论一下我的左脚厉害还是右脚厉害……我很乐意跟他们一起回顾这些往事，但这不是我们夫妻俩外出的目的。理所当然的，露丝就会变得有些生气。虽然如此，我们还是保持了这个外出吃饭的习惯。顾客们也慢慢习惯了我的存在，第二次再去同一家餐馆时，他们最多只是跟我索要签名，第三次再去，他们也许就能远离我们，不打扰我们吃饭了。

我试着将时间一分为二，一部分用在家庭上，另一部分用在生意上。一天下午，我的生意伙伴埃德瓦开车接我去圣保罗。离开家的时候，女儿凯丽·克里斯蒂娜跑到我跟前问道："爸爸，你又要出门了吗？"

我站在那里，一时语塞，不知该如何回答。

最后还是埃德瓦替我说："嗯，是的。但是你知道的，凯丽，他已经不再踢球了，所以他有很多时间陪你啊。"

凯丽听罢，双手叉腰道："唔，那我就看看是不是真的啦。"

她那时才 7 岁，但她了解她的父亲，也许比我更了解自己。

4

我尽全力将自己足球职业生涯之后的生活安排得好一点。其中就包括一件能令9岁时的我心惊的事：回学校上学。从小时候开始，我的家人、朋友和教练就总是说我缺少正规的学校教育。他们都说，有一天我会为此而吃亏——不论我是否能成为世界上闻名遐迩的运动员。巴鲁青年队的教练瓦尔德马·得·布利托对此尤其重视。“迪科，”他曾对我说道，“你生来就是踢足球的，这一点毫无疑问。但你的足球生涯将在人生最美好的时候结束，那时你就得返回学校！”

我还知道，全世界的孩子们都拿我当榜样，作为孩子们的偶像，我深感责任重大。那么，我该为他们树立一个什么形象呢？贝利辍学踢球？世界上的每个人都知道我的成长历程，而我对此颇为尴尬，好像是令所有人都失望了一样。就在那时，瑞士的一家报纸也了解到我的过去，于是就在封面上画了一幅讽刺漫画，并配文道：“家长们很快就会自问——

让男孩们上学还有什么用？”

快 30 岁时，我开始思考：有朝一日我不再踢球了，我的生活会是什么样子，接着我就意识到，要解决这个问题，留给我的时间不多了。我觉得人生的基石好像缺了一块。在全世界奔波比赛的那些年里，我曾遇见过很多杰出的人物：教皇、教授、政治家、医生……我尽力跟上他们的“节奏”，但有时候我根本听不懂他们的话。我的智力和直觉没有问题，我缺少的是正规教育，并且我知道，随着时间的流逝，这种情况只会越来越糟。所以，我决定到桑托斯的一个大学去考一个体育专业的学位。这一步不算迈得太大，因为过去 15 年里我一直都在从事体育项目。但要拿到大学学位，我就得先去把中学的知识补一补。

于是，还在桑托斯踢球的时候，我就利用假期还有很多个比赛后的夜晚努力学习。这是个巨大的挑战——说实话，上世纪 50 年代刚刚进入职业队时，我连签名都写不对。马泽伊教授始终在帮我，辅导我的功课、给我鼓励，一直如此。

我克服了焦虑的心态，通过了考试，拿到了高中毕业证。我很自豪，但这还不是庆祝的时候；于是我又用了整整 1 年时间准备大学的入学考试，其中包括巴西历史、数学和身体测试。大家也许会想，最后这个科目对我来说应该是小菜一碟吧，可真到了考试的时候，我差点不及格！为什么？因为其中包括 20 多米的游泳测试。小时候我在巴鲁河旁只顾着钓鱼了，根本没学游泳。考试那天我差点淹死！

又经过3年的刻苦学习，我拿到了大学学位。我很高兴。我这么做不是为了那些视我为偶像的孩子，不是为了球迷，不是为了教练，而是为了自己。我使自己变得更好了。

5

唉，要是几年前我就懂数学那该多好。

踢完在桑托斯俱乐部的最后一场比赛后不久，我们就请了一些审计员对我的资产状况进行总体评估。多年以来，我一直非常谨慎，把踢球和广告代言挣来的钱进行投资，而不是把它们浪费在购买豪车和豪宅上面。我知道一个运动员的职业生涯可能会随时结束，我不想在退役之后为经济状况而担忧。我投资了一些当地的企业和地产，并尽量使投资多样化。现在我的足球生涯终于结束了，我终于有时间全身心地投入到生意中去。所以，为什么不先了解一下自己资产的大概情况呢？

我仍然记得当时的情景：当会计师走进我的办公室时，他的额头上挂着汗珠，好像就要晕过去一样。我立刻感觉到事情不大对头，但还是保持放松，热情地迎接他。

“那么，”我笑着说，“我们一共有几百万美元呢？”

会计的脸变得更白了！我都快要给他叫医生了。

“情况很复杂。”他答道。

其实一点都不复杂。我没有几百万，我欠了几百万。虽然我把钱投在了很多地方，但我并没有怎么留意它们的去向——我让别人替我去打理了。有家公司把我坑了。这家公司名叫 Fiolax，是一个零件制造商，我很不明智地签了一个合同，为他们的银行贷款作担保——其实我并不是这家公司的大股东。Fiolax 还不上银行的贷款，银行就从我这里要钱，外加因违规而导致的罚款。总之，这家公司一共欠了好几百万美元的账，而我就是那个填坑的人。

大家也许会问：埃德森，你怎么会这么愚蠢？其实这个问题应该是：你怎么会在一个坑里摔倒两次？之所以这么说，是因为这种事已经不是第一次发生在我身上了。10 年前，也就是上世纪 60 年代中期，我突然发现自己背上了很重的外债。那时我委托一个“朋友”全权打理我的生意，而他也信誓旦旦地说会好好照顾我的资产。就在我跟露丝结婚前几个月的时候，有一天，他来找我要钱，我很奇怪，因为我给他的钱已经很多了——由此引发了一系列询问和调查，结果就是发现我已经一文不名。

这两件事有很多共同点：我信任那些我认为是朋友的人，但他们看中的其实是我的钱和名气；我把注意力都放在了足球上——只放在了足球上，对自己的资产太疏忽大意；事后有些人劝我申请破产，摆脱坏账；而两次我都决定承担这些债务。之所以这么做，部分原因是我想为球迷树立一个好榜样,部分原因是如果宣布破产的话,我会感觉很丢人。世界上没有人会相信贝利竟然会破产，他们会认为我是在欺诈。

时至今日，职业运动员一夜暴贫的故事已经屡见不鲜，但在当时，这种事是很难令人相信的。如果说我是第一个因代言产品而变成百万富翁的世界体育明星的话，那么我也是第一个变得一贫如洗的世界体育明星。那时既没有处理此类情况的“说明书”或“使用手册”，也没有年长的智者能给我指点。没有人同情我，事实上，有些人对我的不幸遭遇抱着幸灾乐祸的态度，这种心态我根本无法理解。我的情况是特殊的，我要独自应对。

这种事第一次发生的时候，我去找桑托斯俱乐部的董事会，跟他们借钱还债。他们同意了，但要求我签了一份不怎么“公平”的新合同。我别无选择，只能接受。几年之后，我终于把债还清了。随后，通过代言广告，我又一点点积累起财富。而现在，我再次掉进了坑里。

那么，我该怎么处理这些债务呢？很明显，我在做生意方面并不在行。但是谢天谢地，我还有擅长的东西。

6

我第一次听说“纽约宇宙队”是在1970年，当时我在墨西哥城参加夺冠庆祝会，其间遇到了来自亚美尼亚的兄弟俩——艾特根兄弟。他们对我讲述了要在纽约组建一支足球队的想法。“我们是在全世界最棒的城市，我们要组建一支世界上最好的球队。”其中一人对我说道。这个点子不错，但我当时并没有太往心里去——这种疯狂的想法只是庆祝会上的醉话，没办法当真。

第二年宇宙队真的组建起来了，但注定要走向失败。宇宙队参加的是“北美足球联赛”，而这个联赛的目的同样是要在美国发展职业足球。宇宙队的管理层只有5个人，而球员踢一场比赛最多能拿到75美元薪水。他们的主场是在兰德尔岛——位于曼哈顿区和皇后区之间的一个狭长小岛——一个破旧的足球场，情况最好的时候，来看球的人也就5000个观众。而其球员都是兼职踢球，有建筑工、餐馆服务员，还有出租车司机……北美足球联赛还只是个半职业联盟，勉强达到糊口的程度，其前景并不乐观。

足球在美国的人气一直不高。美国人似乎觉得足球是“外国人才玩的东西”。我一直无法理解这种观点，因为这种情况在美国之外的任何地区都是不存在的。我在前文中曾经说过，足球是最平等的体育项目了，有个球，有块空地，随时就可以开踢。不论你身家多少，不论你名气大小，不论你能跑多快，不论你有多少朋友，随时随地都能踢足球。而与之相比，在美国人气较高的几大项目——橄榄球、棒球、高尔夫等等，都需要昂贵的装备，还往往需要有特殊设计的场地。这么说来，足球不应该被看作另类啊。

现在回头去看，我觉得美国足球的最大问题在于：他们的水平太差。美国人总想高人一等，而在棒球、篮球、拳击、冰球、橄榄球等体育项目上他们的确出类拔萃。打开电视或跑到现场，他们就能看到乔·纳玛什[1]、汉克·阿伦[2]、穆罕默德·阿里[3]、卡里姆·阿卜杜勒-贾巴尔[4]。但在国内的足球比赛中，他们看到的都是些意大利人、哥伦比亚人、波兰人，既没有什么名气，又不算是世界顶级球员。所以美国的足球比赛很难引起大家的兴趣。当然，这是一个“先有鸡还

1 美国著名橄榄球星。纽约喷气机队球员，四分卫，荣获第三届超级碗最有价值球员称号。

2 美国职业棒球运动员，棒球名人堂成员。

3 著名拳击运动员，即“拳王阿里”。

4 著名篮球运动员，外号“天勾”。

是先有蛋”的难题——喜欢足球的人少，喜欢踢球并且踢得好的人就少，于是喜欢足球的人就更少，如此以往。

美国职业足球联赛所面临的种种问题正反映了这种恶性循环。时任 CBS[1] 总裁的比尔·迈克菲尔曾说起过美国首个职业足球联赛失败的原因:“球场的看台上都是空荡荡的，很难激起人们的情绪。球员们大都是外国人，没什么名气，背景也不显赫。”因为比赛太过无趣，有些球迷甚至都不愿去了解足球的动人之处；就像地下乐队无法与巴赫、贝多芬相提并论一样。1972 年美国的《体育画报》曾如此写道:“大多数美国观众看不出足球里某个精妙的传球、带球的妙处，然而他们会为某个失球而喝彩，就像欧洲人不懂棒球一样。”

虽然如此，美国足球还是值得一提的。虽然不怎么显眼，但历史上的美国足球并不是一无所成。在 1950 年世界杯上，乌拉圭在马拉卡纳球场击败巴西其实并不算是整届世界杯上最大的冷门；在巴西贝洛奥里藏特球场，在 1 万名观众面前，美国 1 ∶ 0 踢赢了英格兰——现代足球的发源地。打进制胜一球的是乔伊·加特简斯，他出生于海地[2]，当时在美国工作，而由于他申请成为美国公民（其实是假的）才得以加入国家队为美国踢球。这个结果太难以置信，所以，当《纽约时报》收到电报时，他们没敢第一时间发表在报纸上，唯恐那是个

1 美国哥伦比亚广播公司，成立于 1927 年，是美国三大商业广播电视公司之一。

2 加勒比海岛国。

恶作剧。50 年之后《纽约时报》再次刊文提到了那次比赛，说其“仍是足球史上最大的冷门”。

又过了 40 年，美国队才在世界杯上取得了类似的成就，但在此期间，还发生了一些很有趣的事情。在大学里，足球有了很多爱好者。另外，多亏了上世纪六七十年代美国的社会变革，女性开始接受足球这个体育项目，这一点要比欧洲和南美国家强很多。还有，美国的一些著名的商人和媒体人也开始对足球产生巨大的兴趣。

其中之一就是史蒂夫・罗斯。史蒂夫当时是华纳传播公司的董事长，一辈子都以冒险和创新为乐。他的商业帝国包括：大西洋唱片公司，旗下有齐柏林飞艇乐队、Crosby，Stills & Nash 等乐队；好莱坞工作室，有斯蒂芬・斯皮尔伯格、罗伯特・雷德福等著名导演；甚至还有一家名为“雅达利”的电视游戏公司。艾特根兄弟当时管理着大西洋唱片公司，而罗斯就是通过他们对足球产生了兴趣。不久之后，他就有了在美国推广足球的想法。

为什么？在那么多的“玩具”里，在手里有那么多名人、音乐、艺术资源的情况下，他为什么偏偏选择了足球？多年之后，史蒂夫向我解释了其中缘故。他说他之前对足球抱着大多数美国人一样的偏见：节奏太慢，“外国味儿”太浓，太难理解场上的情况。但在观看比赛之后，再加上身边有朋友为他答疑解惑，他开始意识到足球的妙处。他相信，美国足球只需要满足一些条件就能兴盛起来。换句话说，他将足球看作一个产业——这是他身为一个优秀商人的天性，在足球身上，他看到的是需求和被低估的价值，于是他就铁了心要把足球搞好。

成立之初的几个赛季里，宇宙队的境况一直不好。他们频繁更换球场，却始终没有什么人气。史蒂夫从球队的所有者手里买下了宇宙队，接着，出于对足球的热情和雄心，他决定利用华纳传播公司的实力去打造球队——他不仅是要让宇宙队赢球，而且要将足球变成吸引国人眼球的“新”体育运动。

史蒂夫·罗斯和他的团队相信足球。他们知道足球这个体育项目本身具有莫大的魅力。他们认为，要想让足球变得流行起来，只需要提高比赛的水平就行了。而他们认为，为了达到这个目的，就需要一个足球明星。然后，他们听说巴西有个家伙挺符合这个条件。

7

起初我对这个提议并不感兴趣。

说实话，我其实是觉得这个主意很荒谬。

宇宙队的总经理——英国体育专栏作家克莱夫·托伊——早在1971年就曾对我发出邀请。当时墨西哥世界杯刚刚结束，我还在桑托斯俱乐部踢球。有一次我们在牙买加参加比赛，克莱夫来到球队下榻的酒店，在游泳池边找到我，当时我正跟马泽伊教授并排坐在长椅上休息。

“我们想让你把足球带到美国来，”克莱夫说道，语带紧张，“我们认为你是最合适的人选。钱不是问题。”

接着克莱夫就大致说了说基本的条款。他一边说，马泽伊教授一边为我翻译。我承认，第一次见他时我并没有把他的话听到耳朵里，只是不想表现得太过无礼。大家要知道，在他之前，那10年里我接到过太多海外球队的邀请。有些是欧洲的顶级俱乐部，如AC米兰和皇家马德里，都曾向我提出丰厚的合同。我很高兴他们对我有意，但每次出现我要离开的传言，巴西的媒体就会不依不饶。

那时可不像现在一样，顶级的南美球员纷纷到欧洲踢球。大家也许不会相信，1970 年世界杯，国家队的 11 名首发球员全都在巴西国内俱乐部效力。所以，有些评论员就说我是个“投机者”，甚至是国家的叛徒；这一点倒是跟军事独裁期间“要么喜欢，要么离开”的论调类似。而对此事大惊小怪的不仅是媒体，当时的巴西政府甚至宣布我是“国宝”，有人认为这样就能阻止我去国外效力了。

有趣的是，我此前从未考虑过到国外踢球。原因很简单，我舍不得母亲做的豆米饭。我想这就是巴西人对“恋家”这个词的解释方式吧。多少年来，不需要离开桑托斯，我就能为世界上最好的俱乐部——桑托斯俱乐部——效力，父母就住在我们近旁，妻子和孩子也都喜欢桑托斯的生活。这里气温常年都在 27℃左右，附近有一个美丽的海滩。而为巴西国家队和桑托斯俱乐部踢球给了我很多到国外比赛的机会，能跟欧洲等地方的强队一较高下。所以，我为什么要离开呢？

即便我有了到国外踢球的想法，美国也不可能是我的第一选择。大家不要误会，我喜欢美国。我喜欢它的自由：在这里可以安宁地抚育家庭，自由地工作挣钱，四处走动而无须担心自己的安全……在这里你可以放心追逐自己的梦想，不会有人——政府、商界精英等——碍你的事。在美国这是很正常的事，但在巴西及其他很多国家，这都是不可想象的。

我记得上世纪 60 年代末曾跟露丝去过洛杉矶，到好莱坞大道游玩。在那里，我为其繁荣和安宁而迷醉，而走在大街上不被球迷围追堵截也是我的心动之处。我将露丝拥在怀里，把她高高抱起，喊着：“我自由了！我自由了！”

但是美国足球？它就像是个永远砸不开的核桃。跟我在巴西和欧洲遇到的球队相比，宇宙队更像是支业余球队。所以，尽管克莱夫说得天花乱坠，我却对其美国式的“缺什么都能花钱买到”的论调深感怀疑。美国已经有了世界顶级的 4 大职业体育联盟，把我带到美国怎么就能引起美国国民对足球的兴趣了？简直荒唐。

那时的我，同样低估了足球的魅力。

8

克莱夫·托伊锲而不舍地“追求”了我好几年，就跟发疯的猎人一样——仿佛我就是大白鲸，他就是亚哈船长。他甚至把宇宙队的球衣换成了黄绿两色——巴西国家队球衣使用的颜色，以为这样会有助于让我稍稍动心。不论我多少次礼貌地拒绝了他，不论我是多么直接地告诉他我不会离开巴西，他还是会再次出现——球队入驻的酒店里、球场的边线旁，随时都会有他的身影。而每一次相遇，他都像是第一次见到我一样。“我们在纽约成立了一支很棒的球队，”每次他都是这样开场，跟我们第一次见面时一样真诚，“我们想让你到球队里来踢 3 年球。”

我总是报以微笑，但又不想让他会错了意，于是总是这样答复他：“谢谢。但我在巴西过得很好。1974 年我就从桑托斯退役了，再不踢球了。”

我就是这么做的。可即便如此，克莱夫还是不放弃，我也是次次拒绝他，但我的脑中开始萌生一个念头——嗯，也许到纽约踢球也不算是个荒唐的主意。

说实话，令我改变心意的关键原因其实是1974年年末的资产评估事件。我身背几百万美元的外债，又决定了把钱还上，而踢球挣钱是最好的办法了。克莱夫给出的合同是到那时为止任何体育项目中最丰厚的。当然还有别的原因，那些原因则跟足球毫无关系。

克莱夫在游说我的时候，提到了一个将足球带到美国的独一无二的机会。“为皇家马德里踢球，你得到的是冠军，”他说道，“为纽约踢球，你赢得的是一个国家的心。”这个说法真的令我动心了，宇宙队所带来的，不仅仅是踢球，还有改变一个世界上最伟大、最重要的国家的文化。

我觉得这一点很重要，其受益者不仅仅是美国。把美国拉进足球圈，其积极影响无法估量。美国有数百万富裕的球迷，有好莱坞，还是诸多世界级大公司的落脚地。在我为百事可乐等公司代言过程中，我曾目睹美国公司的资金所做的善事，如在贫困地区资助足球培训班、修建基础设施等等。在此期间，我也看到这些大公司对海外的新市场、新机遇的兴趣越来越大。很明显，这是一股巨大的推力。如果我们能让美国人都喜欢上足球，那么美国的公司就会闻风而动；这样一来，巴西及其他国家的无数足球运动员都会从中获益。这是一个巨大的挑战，但我知道，如果我们成功了，那就是我一辈子最自豪的成就。

到美国居住同样迎合了我的新兴趣——教育。我们的孩子年龄还小，正好是学英语的最佳时期，而在他们以后的人生中，英语无疑具有很大的帮助。妻子露丝也说，能到国外生活、探索一下桑托斯之外的世界很不错。此外我还想，在世界上最发达的国家生活，我能学到很多做生意的秘诀。谁知道呢？也许我能学会怎么挣来数百万美元、又不在一夜之间失去它们吧。

此外还有一个原因，那就是我希望生活变得更低调一点。在桑托斯俱乐部踢球时，我曾在美国参加过很多比赛，有很多人认识我。上世纪70年代初我们在堪萨斯城踢过球，我还获得了该城的荣誉市民称号。但在美国，跟在别的国家不同。在别的国家，总有人能在一百米开外认出我来，而在美国，甚至是一些足球圈里的人都会叫错我的名字，他们叫我“贝尔”。我不想到一个谁都不认识我的地方踢球，那样就跟我的奋斗目标南辕北辙了。所以，美国恰恰符合这个要求：既不是无人认识，又没有太狂热的球迷。何况，美国早已有了太多影视、体育明星；所以，到纽约寻求一丝平静和安宁其实是个不错的方法，因为那里的名人太多了……最近20年里跟我有相同选择的人想必能够理解我的意思。

最后一个原因是：有时候生活中的某件小事或偶然遇见的某个人，都会左右我们的决定。在比利时的布鲁塞尔的某个早上，克莱夫又来找我，一如既往地笑着，心情很好的样子。当时我已经从桑托斯俱乐部退役了，前一晚刚刚参加了为退役的比利时国家队队长保罗·凡·西姆斯特举行的慈善比赛。克莱夫自顾自地走进我的房间，又自顾自地开始他的游说，这时一些世界级的球星——巴西的里维利诺、葡萄牙的尤西比奥等人——陆续走进我的房间，跟我拥抱告别。

“来吧，贝利，就 3 年。”克莱夫恳求道。

到这个时候，我基本上没什么兴趣听他在说什么了。我记得当时是急着离开比利时回到巴西家里。我急匆匆地收拾着衣物，却一不小心把裤子撕开了一个口子。

我打电话给服务台，问有没有人能尽快把我的裤子缝好。他们就派了一个女服务员上来把裤子拿走了。克莱夫还在讲着，几分钟后，有人敲门。

还是那个服务员，她一手拿着缝好的裤子，一手拿着个照相机，脸上挂着泪水。

她走进屋里，颤抖着将照相机递给克莱夫。“先生，”她用低哑的声音对克莱夫说道，“你能为我和贝利拍张照片吗？”

那位服务员的名字我已经记不起来了，她告诉我说，她丈夫买了前天晚上比赛的球票，很想第一次到现场去看足球比赛，但在两个星期前，他因心脏病去世了。所以，她的儿子就拿着球票，替父亲看了那场球赛。她想要张跟我的合影，送给儿子以作纪念。

她的故事才讲到一半，我就已经泪流满面了；等她讲完的时候，我已经泣不成声。这是一个悲剧，我对他们母子二人深表同情。她的故事又令我想起了多年来身为球员时与那么多人建立的深厚情谊。那时我才刚刚退役数月，但我再次体会到了那种感觉：温暖、感人、实实在在。它令我想起了自己的意义所在。我突然间明白了，在名声中生活了那么多年，我真正渴望的还是身为一名运动员最基本、最荣耀的事——与球迷之间的纽带。现在修复这个纽带还不算晚。

克莱夫为我和那个服务员拍了几张合影，然后她就道别离开了。我转向克莱夫说：

“好。我到宇宙队踢球。”

克莱夫就像一个在圣诞节收到礼物的孩子一样，眼睛唰的一下亮了起来：“真的？”

我笑着点了点头。

他又扭又跳地在屋子里转着圈子，高兴的劲头无法停止。他好像根本没想过我会答应，不知道如何是好。到了这个时候，我有些喜欢这个家伙了，就告诉他放轻松，把后续事宜做完。

他让我在酒店的一张信纸上签了字，其内容是我愿意到宇宙队效力。当然事情没那么简单，我们之后还要正式讨论合同的事宜。签下这张纸只是个开始。多年之后，克莱夫还把这张纸裱起来挂在墙上——信笺的抬头是：“布鲁塞尔G.B. 酒店”。

大家可以想象一下：我，一个巴西的穷孩子，被一个为美国足球俱乐部工作的英国人说服了，准备复出，而在其中起到决定作用的是个比利时服务员！这已经不是1958年世界杯时那个男孩眼里的世界了。突然之间，世界上的万事万物都似乎都有了联系——钱，人，在全球流动、组合。今天，他们把这种现象称作“全球化”；在上世纪70年代中期，它还没有这么时髦的名字，但已经在改变着人们的决策和人际关系。通俗的说法就是，如果史蒂夫·罗斯和他的华纳传播公司打算不遗余力把一个巴西的足球明星弄到纽约的一个小球队里踢球，那么他们终会达到目的，无可阻挡。

现在回头想想，还真是这么回事。

9

为了准备宣布我到来的新闻发布会，宇宙队租下了“21俱乐部”——曼哈顿区名人云集的豪华夜总会。到场的新闻界人士约有 300 人（还有很多好奇的看客），是这家夜总会可容纳人数的两倍，几乎跟宇宙队某些比赛上到现场看球的观众一样多。我迟到了一会儿，发布会现场的气氛有些紧张，一些记者打起了群架，一位巴西摄影记者的眼镜被打坏了。警察威胁说要取消这次发布会。

怎么会这么乱？因为是在上世纪 70 年代的纽约！那时的纽约，犯罪、管制层出不穷，吸毒现象随处可见；那时的时代广场通宵播放的都是色情电影，而不是现在的霓虹灯主题广场；那时人们都没有什么安全感，经济增长尚未治愈社会疾病，街头巷尾都是一片混乱。换句话说，那时的纽约跟巴西很像。我立刻就有了家的感觉。

这些混乱还是其次，我的美国之行差点胎死腹中。从比利时酒店的一张协议到21俱乐部的发布会，其间经历了太多的磨难，其中包括数不清的深夜商谈，大量南北美的洲际飞行，两地电传打字机通信的用纸加起来都有数英里长。华纳传播公司派来史蒂夫·罗斯的代表，我们有时会在里约的海滩上踢几个小时的足球，其间则商讨着合同的具体事宜。

即使如此也很难取得进展。半年过去了，合同还没签，甚至一度陷入僵局。钱是其中一个问题，另一个问题则是巴西的军事独裁政府在制造舆论，说贝利出国踢球到底是好是坏。大家应该记得，此时的巴西仍是一个闭塞的国家，闭关锁国，害怕与外国有贸易或其他方面的接触。“全球化”是政府害怕而不是欢迎的东西，因为他们知道，与外界接触太多，巴西国民就会生出对民主和权利的诉求。巴西的军政府，跟所有独裁政府一样，设立了重重障碍以防这种事情发生。所以，这些军人很可能会设法阻挠我去美国，更何况，他们还为我拒绝代表国家队出战1974年世界杯而耿耿于怀。虽然他们阻挠我离开的方式尚不明晰，但在那时的巴西，他们总有各种各样的法律法规能把我留在国内。我开始怀疑自己的美国之行是否就此作罢。

这时亨利·基辛格出场了。这位德裔国务卿是美国历史上最厉害的内阁成员，也是一个超级足球迷。他少年时曾经踢过足球——作为守门员，对足球的热情从未消失。1973年，他曾用自己的影响力，以一己之力组织了一次桑托斯俱乐部和北美足球联赛的“巴尔的摩海湾队”的表演赛（碰巧比赛是在华盛顿附近举行，以方便他能到场看球）。那场比赛结束后，他到球员休息室找到我，就像个兴奋的小男孩。他对我说，只有足球明星能让美国人见识到足球的真正魅力。“贝利，你就是我们需要的人。”他用低沉而口音很重的英语说道，“我们想让你多到美国踢点比赛。人们会乐疯了的。即使足球没能流行起来，起码能让我看你踢球嘛。”

就在那一年夏季，基辛格博士安排我跟露丝到白宫短暂访问，在那里我们见到了尼克松总统。有趣的是，我几乎已经把那次会面的情况忘记了，最近碰巧有一段尼克松总统在办公室的录像向公众公开，而我就在里面！尼克松总统非常客气，说我是“全世界最棒的足球运动员”，还突然问我是不是会说西班牙语。

“不会，”我轻声答道，“我只会说葡萄牙语。”

尼克松略显尴尬，于是我迅速补充道：

“其实都差不多。”

1975 年年初，当基辛格博士听说宇宙队正跟我商谈签约事宜的时候，尼克松总统已经卸任了——他因“水门事件”[1]而引咎辞职。基辛格博士决定尽一切努力让我到美国踢球。他给时任巴西总统的埃内斯托·盖泽尔写了一封信，说如果

1　水门事件是美国历史上最不光彩的政治丑闻事件之一。在 1972 年的总统大选中，为了取得民主党内部竞选策略的情报，1972 年 6 月 17 日，以美国共和党尼克松竞选班子的首席安全问题顾问詹姆斯·麦科德为首的 5 人闯入位于华盛顿水门大厦的民主党全国委员会办公室，在安装窃听器并偷拍有关文件时，当场被捕。由于此事，尼克松于 1974 年 8 月 8 日宣布将于次日辞职，从而成为美国历史上首位辞职的总统。

我能到美国踢球，那将是对美巴两国关系的巨大推动。那可是在冷战时期，那可是亨利·基辛格，大家想必能够想象这封信的力度。于是巴西政府对我赴美一事的反对声瞬间消失了。接着我们又在薪水方面达成了一致——7年时间，每年1百万美元。协议还包括各种推广和营销事宜。我还有一个条件，那就是宇宙队聘请马泽伊教授为助理教练兼健康顾问。最后，我终于站在了21俱乐部的新闻发布会现场，马泽伊教授则充当我的翻译。

“把消息散布出去吧，”我说道，“足球终于来到美国了。”

听起来挺不错，但还有个问题恐怕没有人能够回答上来：会有人来看我们踢球吗？

10

刚开始时，我都不敢肯定自己会去看这样的比赛！

跟宇宙队合练的第一天，雨下得很大，司机找不到训练场地——位于长岛[1]的霍夫斯特拉大学的小体育场。所以我迟到了 1 个小时。这是一个不好的信号——我最不想给人留下的印象就是我比其他球员享有特权。所以，我向教练布拉德利真诚道歉。他说没关系，甚至还慷慨地免了我 25 美元的迟到罚款。

我将队友们集合在一起，用蹩脚的英语发表了一次简短的讲话。事先我在马泽伊教授的指点下练习过，他帮助我纠正了一些发音。今天早上我还对着镜子练了几遍。

“很荣幸能到这里，”我说道，“我一直都很重视团队配合，以后也是这样。所以，别指望让我一个人赢下比赛，

1　纽约市东南部岛屿。

我们得共同努力。”

队友们都点了点头，随后陆续向我做了自我介绍，微笑着和蔼地欢迎我的到来。我要做的第一件事就是记住每个人的名字。我的一个新队友名叫吉尔·马德莱苏，是一个来自罗马尼亚的中场球员，他在胸前画了个十字，说道：“我曾梦想过跟你握握手。但是跟你一起踢球，这是个奇迹啊！”

我感到受宠若惊。但这种追星的态度在球场上是要不得的，我对队友们说，我们的队伍不能是 10 个人加 1 个贝利。足球不是这样子的。我更加担心了。

第一次跟队友们合练时，球队的水平之低再次令我惊讶。到那时为止我已经 8 个月没踢过比赛了，我知道自己的状态有些下滑。可在我练习的时候，队员们纷纷露出惊诧的样子。“宇宙队的队员们就像是一群跟巴比·鲁斯打棒球的小屁孩一样。”一个记者如此写道。我加入宇宙队时，1975 年的赛季已经过半，而球队的战绩是 3 胜 6 负。队员们的态度都是好的，但水平亟待提高。在第一次练习时，我们分队对抗，我接到一个半高球，于是就倒勾射门打进一个球。

这种动作我在巴西已经做过一千次了，但宇宙队的守门员库尔特·凯肯德尔就像是看到了外星人一样。“怎么回事？怎么回事？”他一直在问。而两边球队的球员纷纷为我欢呼，拍着我的后背表示赞叹。

我们需要更多时间的磨合，但留给我们的时间不多了——赛季已经过半，6 月 15 日就有一场跟“达拉斯飓风队”

的比赛。比赛的场地是“唐宁球场”，亦即兰德尔岛上宇宙队作为主场的那个又小又破的球场。比赛将全国直播，这在宇宙队的历史上是第一次。开球之前，一组球队官员仔细地将球场检查了一遍，确保它能够应对这个大场面。当然，我们并不知道是否有人会看电视直播或到现场来看球，因为当年宇宙队的每场平均上座率还不足 9000 人。

走进球场时，我高兴地看到竟然有 2.1 万人到场看球，这已经是唐宁球场的最大容量了。“贝利！贝利！”观众们高呼着。而比赛的初期，似乎令观众们失望了，飓风队先打进了 2 个球。每次我拿球的时候，对方总会上来 3 到 4 个人对我进行封堵。但下半场刚刚开始，我就传给摩尔德查伊·斯皮格勒——参加过 1970 年世界杯的以色列前锋—— 一个球，他将比分改写为 2 ∶ 1。9 分钟之后，斯皮格勒给我传了一个高球，我跳起来——虽然不如我巅峰时期跳得那么高，但也是当天的最好状态了——将球顶入球门的左上角。“贝利！贝利！”观众的欢呼声更大了，那一刻，我甚至感觉就像回到了桑托斯的维拉贝尔米罗体育场。

比赛的最终比分是 2 ∶ 2。这种平局并不是美国观众喜闻乐见的，但也算是个不错的开始。

事实上，当天的大问题只有一个。赛后洗过澡之后，我找到拉斐尔·德拉·谢拉——宇宙队的古巴裔副总裁。说实话，我有点心慌。

“很抱歉，”我对他说道，“我想这恐怕是我在宇宙队的第一场球，也是最后一场球了。我不能再踢了。”

德拉·谢拉张大嘴看着我问：“为什么？”

洗澡的时候，我发现脚上长了一层绿色的皮癣，不管我怎么搓，打多少肥皂，都洗不掉。我最害怕的事情终于发生了——这里的设施太差了，会给我的健康造成永久的伤害。脚要是废了，足球运动员就没法活了。

就在我做解释的时候，德拉·谢拉拧着的眉头舒展开了，很快就笑了起来。他耐心地等我说完，然后跟我解释说，赛前唐宁球场的状况很差，所以球队的官员们就往草坪上喷了绿漆。他们这么做的目的是为了让电视机前的观众看不到其斑驳的样子，让他们觉得宇宙队是在一个美丽葱翠的球场上踢球。

“那不是皮癣，贝利，”他笑得浑身发抖，“是绿漆啊。”

11

我代表宇宙队参加的第一场比赛，收看电视直播的人数达到了1000万，轻松创下了美国足球电视观众的人数纪录，也超过了此前任何一场世界杯或俱乐部比赛。但是电视直播并不顺利——宇宙队打进第一个进球时，电视台正在插播广告，所以观众们都没看到进球的情况；第二个球是我进的，又因为电视台在回放刚才的镜头，导致观众们又没看到进球的情况。很明显，与大多数节奏并不紧凑、时断时续的“美国”运动项目相比，足球的连续性和高密度节奏是大家需要逐步适应的，对电视台的工作人员而言更是如此。

尽管如此，此次比赛还是好评如潮。一家报纸写道：“除去重量级全网夺冠赛之外，纽约的体育比赛还从未受到过全世界如此多的关注。”一夜之间，宇宙队就变得全世界人尽皆知了。美国知名记者汤姆·布罗考、霍华德·科赛尔等人纷纷论及这次比赛，都说足球终于来到了美国。达拉斯飓风队的老板拉马尔·亨特是在得克萨斯州泰勒市的一个旅店里收看的这场比赛，他后来回忆说：“我一边看比赛一边想：‘嗯，我们做到了；这么多年的痛苦坚守是值得的。’”

的确，这次足球热潮的幅度和速度超出了任何人的想象——甚至连史蒂夫·罗斯和克莱夫·托伊这样的野心家都没有想到。这场比赛过后，宇宙队又到许多被视为足球荒漠的城市，如洛杉矶、西雅图、温哥华，和发展中的市场，如波士顿、华盛顿等地方参加比赛，不论是在哪里，其比赛的上座率都会创下纪录。在波士顿，我进了一个球之后，人们都拥上来庆祝，有人企图把我的鞋脱下来作为纪念，差点把我的脚扭伤。在华盛顿，有 3.5 万人到场观看了比赛，创下了北美足球联赛的观众数量纪录。（几天后这里举行了另一场比赛，没有宇宙队参加，其上座人数只有 2100 人。）甚至在洛杉矶也是如此，比赛是在艾尔卡米诺专科学校的小球场上进行的，可容纳 1.2 万人的球场上座无虚席。每到一处，人们都很友好，很热情，对足球的了解也令人惊讶，好像美国的足球迷在历尽寒冬之后终于盼来了足球的春风。

足球在美国的兴起恰好与其时代潮流相契合，因为在上世纪 70 年代中期，“婴儿潮”[1] 中出生的那一代人都已经长大。时任达拉斯飓风队总经理的迪克·博格说：“足球是一

1　1945 年二战结束后，大批军人返回美国，从而使 1946 年成为美国婴儿潮的开始。1946 年，美国出生了 340 万个婴儿。在此后的 1946—1964 年间，美国共有 7590 多万婴儿出生，约占美国目前总人口的三分之一，是当今美国社会的中坚力量。

种反正统的体育运动，既不像NFL[1]那样神化，又没有NBA[2]的特殊性。其球员的个人表现和不间断的比赛节奏都是别具一格的，这一点很吸引那些在60年代成长起来、反过越战、留过长发、喜欢过另类音乐的一代人。他们现在已经有了经济能力，足球恰恰吸引了他们的兴趣。”

我不知道这些说法是对还是错，但我们的确是“恰逢其时”了。在学校里踢球的孩子们开始央求父母带他们去现场看比赛；而更重要的是——事实上，这一点被证明是足球最了不起的进步——北美足球联赛的球迷中有一半是女性。《体育画报》撰文说：“脑子稍微正常一点的人都绝对想象不到，在数周时间里，贝利就跟乔·纳玛什一样有名了。”乔·纳玛什是“纽约喷气机队”的四分卫，他从事的是另一种“足球”。

我认为自己一半的责任是作为球员在球场上踢球，其余部分则是在场下充当足球专家和形象大使。就在我到达美国的最初几周时间里，我杜撰了一个词组，却没想到它会有那么大的生命力。美国记者总是问我关于“soccer”的问题，这个词听起来很怪，因为我一直都叫它“football”，为了区分我所从事的足球和美式足球（我觉得美式足球枯燥无趣、粗野，而且停顿太多、太不流畅），我就说我从事的是一种“jogo bonito”——“美丽的运动”。没想到这个词组就这

---

1 （美国）全国橄榄球联盟。

2 美国职业篮球联赛。

么定了下来，从那时起就被用来描述足球运动了。

那段时期是我职业生涯中最美好的日子。我仍跟10年前力量一样大、跑得一样快吗？不可能。我们的球队战无不胜吗？也不是。但我总会有种新的感受，一种从1958年瑞典世界杯之后就从未感觉到的成就感。我们每到一个城市都会受到人们的热烈欢迎，那感觉就像是收复了一座城池、插上了足球的大旗。

从巴西的期望和压力中解脱出来，再加上我比年轻时更加成熟自信了，所以，我从足球中发现了新的乐趣。我跟队友们打趣厮闹，并且乐意去感受美国各地的风土人情。有一次在西雅图，我们下榻在一个酒店里，我的房间恰好是在海湾上面3层楼的位置。酒店经理借给我一套钓竿，一桶用作鱼饵的鲑鱼肉片，一会儿我就钓上一条小双髻鲨。我把它钓到阳台上，队友们先是愣了一下，接着大笑起来。这鲨鱼怎么办？一个队友跑到房间里拿来一根桌子腿，一棍子打在了鲨鱼的头上。这跟在巴西家里可大不一样，要是在巴鲁河里钓出一条鲨鱼，能让全镇的人逃个精光！

我们都认真对待比赛，大家也都知道我们肩负着更大的使命：推广足球运动，让足球在美国生根发芽。所以，北美足球联赛里的人都很友好，即使对手也是如此；而这一点在稍微发达点的联赛里是看不到的。举个例子来说：我对上世纪70年代美国球场里使用的尼龙草皮尤其反感。现在的人造草皮已与柔软苍翠的真草皮没什么区别，但在当时，人造草皮其实就是混凝土表面铺着一层绿色的尼龙地毯。此前我极少接触这种场地，而在上面踢球就像是在煎锅上一样。“西雅图海湾人队”的几个队员告诉我，如果换上网球鞋，脚就好受多了，但我没有网球鞋，于是他们其中一个就好心地借给我一双。我感觉既高兴又惊诧——这要是在巴西或在别的刀来剑往的联赛里，对手借给你的鞋子里一定是藏了图钉的啊。（我也许有些夸张了，但也只是一点点而已。）

这种和睦的友情，以及在一起的训练和比赛，都拉近了我们的关系。1975 年赛季结束，宇宙队的成绩并不好，也没能打入季后赛。我们还需要努力，但我们感觉已经打好了地基。而说到休赛期，也是非常有趣的。

12

我是个成年人了，但这是我第一次在国外定居，所以，有时候我会再次体会到当初那个坐着从巴鲁开往桑托斯的客车上的 14 岁小男孩的心情：远离故土，对未来的不确定，激动又有些迷惘。我思念巴西。我想念那里的海滩、周日下午的烤牛肉大餐。我最怀念的还是维拉贝尔米罗球场、帕卡恩布球场、马拉卡纳球场里的球迷。有些夜晚，我会盯着天上的某颗星星，心里想着：家里的情况怎样了，我又错过了什么事情……

还好，我能把一部分乡情带到美国来，而其中最好的一部分就是我的家人。露丝和孩子们也到纽约与我会合，我们把家安在东区一个不错的房子里。女儿凯丽·克里斯蒂娜和儿子埃迪尼奥英语学得很快，也适应了美国学校的生活。我弟弟佐卡也来到了纽约，他在特伦顿大学工作，还开办了儿童足球培训班。父母大多数时间都跟我们在一起。这真是有意思——我们一家在纽约在一起的时间甚至比在桑托斯的时候还多。

幸运的是，纽约不是那种你闲得有时间想家的地方。我此前除了足球，关心的事情不多，而一下子掉进纽约这个文化大杂烩里，我有些应顾不暇。几乎每个周末，我都跟妻子去看各种表演或参加五花八门的活动。有时候我们会去百老汇看音乐剧，最常看的还是芭蕾舞。我觉得芭蕾舞总能让我联想起足球——力量、流畅、高雅的完美结合。我呆呆地坐在座位上，一看就是好几个小时，几乎每个周末都是如此。我喜欢“太阳马戏团”也是出于同样的原因，我甚至觉得能预判出表演者的下一个动作。

当然，还有一些不那么健康的精神追求。史蒂夫·罗斯的华纳传播公司给我打开了一扇新世界的窗户，而里面全都是很有意思的人，歌手、影星，他们或者是住在纽约，或者是路过此处。我最常会面的名人是罗德·斯图尔特[1]，他是“华纳兄弟”的签约艺人，还是一个铁杆球迷。有时候他会到宇宙队的训练场地来跟我们踢几脚球，还常带我去“Studio 54”夜总会玩，这可是上世纪70年代曼哈顿闻名遐迩——或者说是臭名昭著——的夜店呢。我们在那里听音乐、玩，有时候米克·贾格尔[2]也会过来，还有丽莎·明

1　著名摇滚歌手。

2　英国摇滚乐手，滚石乐队创始成员之一。

尼里[1]、比约恩·博格[2]，还有安迪·沃霍尔[3]，他说他有一个理论，那就是每个人的名声都仅能维持 15 分钟，但我是个特例。“贝利的名声是不朽的。”他语带夸张地说。

即便是跟这些人混在一起，我也坚守着多年以来的“不沾烟酒”的信条。这个誓言是我保持健康的座右铭，若是没有恪守这一信条，我不可能到 35 岁了（甚至更老）还能踢球。但在 Studio 54 里，我就显得有些另类了。一天晚上，罗德实在看不下去了，就说道：“他妈的，贝利！你不喝酒，你不吸毒。你就没点爱好？”

嗯，我也是有弱点的，尤其是牵扯到另一半边天的情况下。在上世纪 70 年代中期的纽约，这样的诱惑可是无处不在，而宇宙队的名声大涨之后，就更是如此了。我记得有一次我到华纳公司去，著名男演员罗伯特·雷德福在楼里有间办公室，我们就站在走廊里聊天，这时一群追星族跑向我们索要签名。罗伯特被这阵势吓了一跳，然而在他看到那群人的目标不是他而是我的时候，脸上又缓缓露出惊讶的表情。

“哇哦，”在我一一签名打发走了那群人之后，他惊异地叹道，“你真有名！”

---

1 美国著名歌手、演员、舞蹈演员，1973 年她凭借影片《歌厅》获得奥斯卡最佳女主角奖。

2 前瑞典男子网球运动员，网球史上男子 GOAT 之一，单打最高世界排名第一，11 座大满贯单打冠军得主。

3 美国艺术家、印刷家、电影摄影师，是视觉艺术运动波普艺术最有名的开创者之一。

名声还曾帮过我的大忙——抬高我在儿女眼中的形象。对身为父母的人来说，让儿女为自己震撼一下是越来越难了。10多岁的女儿凯丽·克里斯蒂娜一直缠着我，让我把威廉·赫特介绍给她认识一下，因为那是她的偶像，于是我就带她去了电影《蜘蛛女之吻》首映式的鸡尾酒会。我们到达的时候，威廉看到了我，大喊道："你是贝利！你是贝利！"他真的是在尖叫。他扑倒在我跟前，开始亲吻我的脚尖。我被他逗得大笑起来，而凯丽对我这个父亲是真正心服了一次，唯一的一次！

我希望来到纽约之后，能为我离开足球之后的生活做好铺垫，结果也并未令我失望。我得到了大量的机遇。在巴西时我就演过电视剧，那是在上世纪60年代，我在一部肥皂剧中扮演一个为入侵地球而前来侦察情况的外星人。我的演技不算好，但这样的经历很好玩。我到了纽约之后，有一天跟斯蒂芬·斯皮尔伯格共进午餐，他就提议拍一部在月球上踢球的电影。说实话，我根本没听懂他在说什么，也许他是把我跟马科斯·塞萨尔·庞特斯——首个进入太空的巴西人——搞混了。最终我还是有机会出现在一部好莱坞大片——《胜利大逃亡》里，这部影片由西尔维斯特·史泰龙和迈克尔·凯恩主演，我则饰演了一个足球运动员。嗯，这个还不算太离谱。

我跟华纳的合同包括一些交叉推广协议。比如说，雅达利推出了一款新游戏，我就得帮助推广。由此我认识了很多居住在美国的巴西人。我有一个生意伙伴，我帮助他在洛杉矶开办了一些脊椎按摩诊所，而他又认识一个巴西的专业厨师，这个厨师所服务的，是一个前途无量的流行歌手——先是在乐队里表演，然后单飞了。而这就是我受邀到加利福尼亚参加迈克尔·杰克逊18岁生日宴会的来龙去脉。他性情温和，衣着得体，彬彬有礼；那时他还很年轻，却非常优雅。我为他多年后的不幸遭遇感到悲哀。

我为什么要说这些事呢？接触名人和明星是很有趣的事，我乐在其中；但是，这些接触还有一个建设性的目的：增加足球的魅力。通过他们的名气和影响力，我们使很多美国人相信，足球比赛是很值得看的。而名人明星也开始投资北美足球联赛的球队——米克·贾格尔入股了费城的一支球队，彼得·弗兰普顿、保罗·西蒙也随后跟上；艾尔顿·约翰是“洛杉矶阿兹特克人队”最大的股东。与此同等重要的是，一些世界级球星也动了到美国踢球的念头。我的话终于应验了：足球真的来到了美国。

13

在宇宙队未能打入季后赛而结束 1975 赛季时，我就告诉史蒂夫·罗斯和克莱夫·托伊我们至少还需要 1 名世界级球员。“只有我一个人的话，是打不出好成绩的。”我如此说道。

说这些话我心里很不好受，因为我真的很喜欢我的队友们，但在职业体育领域里，才华是不可代替的，而我们面对的残酷现实就是——队里有才华的球员太少了。我们的对手在比赛中让 3 个甚至 4 个球员对我进行防守，而我的队友们却不能利用这一点痛击对手。“这样下去是不会赢球的，”我对史蒂夫·罗斯和克莱夫·托伊说，“去南美和欧洲招募球员吧。”

而对史蒂夫·罗斯，同样的要求不用说两遍。很快，宇宙队就签下了两个世界著名球员：意大利的前锋乔治奥·齐纳格利亚和弗朗茨·贝肯鲍尔——1974 年世界杯冠军西德队的队长。有了他们的加盟，北美足球联赛的分量更重了。而这种挖墙脚的行为也惹怒了足球“旧世界”的人。比如说，签下齐纳格利亚之后，某家报纸就写道（也许有点夸张）：“他在赛季开始后才悄然离开意大利，生怕引发国内球迷的骚乱。”贝肯鲍尔抵达纽约时，一大群球迷——其中包括很多小孩——都去机场迎接他。贝肯鲍尔后来说，到美国来“是我最明智的决定”。

看到宇宙队签来了球星，北美足球联赛的其他球队纷纷效仿。“拉斯维加斯水银队”签下了1966年打败巴西队的那支葡萄牙队的尤西比奥；坦帕湾俱乐部签下了为利物浦效力多年的防守尖兵汤米·史密斯；北爱尔兰的传奇巨星乔治·贝斯特则被“洛杉矶阿兹特克人队”招入麾下。此外，北美足球联赛还进行了扩编，圣地亚哥、塔尔萨等地的几支球队都加入进来。好戏开始了！

1976赛季，宇宙队的表现大有进步。齐纳格利亚以19个进球、11个助攻高居联赛射手榜首，他还从我身上分担了对手很多的注意力。我终于有了发挥的空间，在檀香山的一场比赛中，我一口气打入4个进球——在下半场时间的15分钟里连进3个。我们的比赛场场爆满，而纽约的观众人数太多，于是球队老板就把主场换到了洋基体育场。球队的胜利更激起了球迷的狂热。赛季结束，我们的战绩是16胜8负。

我们打进了季后赛，对阵的是“坦帕湾暴徒队”。“坦帕湾暴徒队”是一支具有传奇色彩的黑马球队，跟宇宙队有太多不同之处。他们只有一位球星：汤米·史密斯。他们球队的口号是“暴徒队最牛逼”——这话在当时的美国可是有点不雅。每场比赛开始之前，都会有一支被称作“女暴徒”的啦啦队跑到球场上施放气球，然后球迷就齐声高唱他们的队歌：“The Rowdies run here, the Rowdies run there, they kick the ball around！”是的，这些都是从冰球比赛学来的，但人们喜欢，而他们的球队也蒸蒸日上。虽说只是 1975 年的扩编球队，但他们赢下了当年的联赛冠军；看 1976 年的情况，他们大有卫冕之势。

坦帕湾的主场球迷都见过世面，也都很友好。比赛开始前，在我走进球场的时候，他们还起立欢迎我。这是体育道德精神的最好体现，但可惜的是，这是本场比赛我最辉煌的时刻了。

比赛开始时一切顺利。但坦帕湾的防守非常严密，我始终无法摆脱对方的防守球员。在一次身体碰撞中，我被撞倒在地，就在我躺在地上的时候，他们又打进了一个进球，从而赢下了全场比赛。

对这次失利，我们当然很失望。但我又感到很高兴，因为联赛的整体水平提高了，北美足球联赛算得上是一个像样的联赛了。在与坦帕湾的比赛中，到场的观众人数达到了 3.7 万，放在美国的任何一种运动项目的比赛上，这个观众数都是很不错的了。1976 年 8 月《体育画报》撰文说：“美国足球正在站稳脚跟。”然而没有人意识到，若是站不稳的话，还是会摔倒的。我们辛辛苦苦奋斗的事业正面临暴风骤雨的袭击。

14

我在纽约的一件乐事就是独自一人到中央公园里闲逛，看看有没有小孩子在踢球。早些时候，要找到踢球的小孩是很困难的——公园里到处可见扔棒球、玩橄榄球的人，但踢球的人很难看到。但最终我还是能看到一群踢着黑白相间足球的孩子，而我也每每能笑起来。

起初我就是看着他们玩，有时候是站在树荫下。我不说话，但迟早会有人看见我。大家可以想象一下他们惊喜的样子。然后我就走过去，教他们一些技巧，给他们一些指点。那个时候拍立得相机已经流行起来了，而似乎总有人随身带着一个。于是我就跟他们拍张合影，大家都做出巴西风格的、竖大拇指的手势。然后我就跟他们握手或拥抱告别，再消失在城市之中。

我很高兴能把对足球的热爱发扬光大，而除了在业余时间随机指点小孩们踢球，我还有更正式的推广活动。在上世纪 70 年代早期，我与百事公司签了合同，在全世界进行一系列儿童足球培训，亦即“国际少年足球项目”，是由我和马泽伊教授携手完成的。我们一共去了 64 个国家，教那里的孩子们踢球。这个项目取得了圆满成功，对我而言，这是一个成功的例子——多方合作将世界变得更好，同时还推广企业的产品。

在百事公司的帮助下，我还出版了一本书及其同名教学电影，名叫《贝利：足球大师及其足球理论》，它们流传很久，现在还有年轻人在看。在电影中，我将足球这个“美丽的运动”分解为几个基本组成部分：控球，运球，颠球，传球，假动作，头球，还有射门。每个动作都由我亲自演示。我穿的球鞋上有浅颜色的标示，向观众展示触球的正确方式。很多孩子都误以为用脚尖全力捅球是射门的最佳方式，其实用脚的内外两侧触球才是正确的做法。

在电影中，我们不仅展示了足球的技巧，还为其加上了活灵活现的叙述。在一个场景中，镜头锁定在一个足球上，这时画外音说道：“外皮加上里面的空气也不过 425.2 克重……这是个死物吗？不，稍等片刻，等它的主人发号施令。”接着我就踢它几脚，用脚背和膝盖颠几下球，画外音继续：“在一瞬间，它就有了生命，贝利让它怎样它就怎样。”

这些基本技巧还算简单，最难的是如何向孩子们讲述团队配合的重要性和基本原理——这从 1970 年开始也成了困扰我的一个问题。于是我们又到桑托斯的维拉贝尔米罗球场，跟我以前的老队友一起拍了些镜头。我们还在一个小村里拍了些镜头，在沙滩上，我们邀请一些孩子试试贝利式的倒勾射门。在一个镜头中，我还用绳子把一个足球吊在树枝上，用头顶来顶去——就像多年前父亲教我头球时所做的那样。

“但是，即便是贝利，球也有不听话的时候。”画外音说道，“每天好几个小时的独自练习，才使他掌握了这些技巧。在练习时，他往往连个真正的足球都没有，无奈之下只能找东西凑合，比如用绳子绑起来的一团抹布……”其余的故事大家都已经知道了。

时代的发展再次帮了我们一个大忙。新技术的出现——家庭电影放映机以及随后出现的磁带录像机——意味着更多的孩子能在家里看到类似的教学片。就在几年之前这种事还是无法想象的，要是想看电影，要么去电影院，要么等着它在某个电视台上播出。并且，用英语录制这个电影——尽管我的英语很差劲——也是一个明智的决定。在那个时代，由于美国商业以及传媒的力量，英语已经超出了美国和英国的范围，在东欧、南亚等地都能听到用到。如此一来，这些地方的人也能看懂、听懂电影里的内容，从而更加大了其推广面。还是那句话，在世界变革中，我们是在恰当的时间出现在了恰当的地点。

以上种种项目和活动都推动了足球的普及。随着时间的前行，当我再走进中央公园的时候，就能看到到处都有孩子们踢球的场景了。但是我发现，在美国，足球最流行的地方并不是纽约、波士顿等大城市，而是在得克萨斯州的普莱诺、马里兰州的乔治王子县、密歇根州的格罗斯波因特等地。在上世纪七八十年代，足球在类似地域宽阔的城郊地带蓬勃发展起来。毕竟这些地方不存在场地不够或太小的缺点,而足球对男孩和女孩有着同等的吸引力,并且，足球与人人平等、公平竞争的美国精神达成了完美契合。我对美国足球未来的疑虑都消失了。我终于发现，原来足球与美国是天生的一对。

15

就像在桑托斯俱乐部时一样，到了宇宙队之后，我也是跟着球队在全世界四处参加比赛，中国、印度、委内瑞拉、法国，我们的足迹遍布地球的各个角落。我记忆最深的是重回瑞典的那一次。我们到哥德堡与当地一支球队踢了一场球，我们以 3 ∶ 1 获胜。但我最大的惊喜出现在球队下榻的酒店里，一位迷人的金发女士走到我的面前。

“你还记得我吗？”她诚挚地问道。

我很尴尬，因为我记不起来了。但当她说出名字时，我立刻就想起来了，是伊莱娜，那个 20 年前我在 1958 年世界杯期间认识的瑞典女孩。她这次把女儿也带过来了，跟她一样长着一头金发，很漂亮，两个人就像是一个模子里刻出来的。

我给了伊莱娜一个大大的拥抱。她在当地报纸上读到我要来踢球的消息，就想过来见见我。我们一起回忆了当年那个神奇的夏天发生的事，又各自说了说别后至今的经历。多年以前我们分开了，又因为时间和距离的原因一直没有联系，现在能重逢真是太好了。另外，我现在会讲一点英语了，所以我能基本听懂她的话了！

“我就知道你会有大作为的，”伊莱娜微笑着说道，“足球一直都待你很好，对吧？”

16

1977 年是我为宇宙队效力的最后一个赛季，这个赛季也是我与职业足球告别的最佳时机。宇宙队又搬家了——我们搬到了纽约市郊新建的“巨人体育场”，这样就能容纳更多的观众。到现场看球的观众比先前翻了一番，这一年我们每场比赛的观众人数平均是 3.4 万。观众们热情高涨，其间还有很多名人到场，他们对足球的了解也大大提高了，不会再像以前一样为一个射偏的球而胡乱喝彩。这一年，宇宙队还签来了我的老队友卡洛斯・阿尔贝托，亦即我在桑托斯俱乐部时的队友、在 1970 年世界杯决赛上打入最后一球的巴西后卫。我的身边围绕着朋友和高水平的队友，我们的比赛踢得很好，我住在世界上最棒的城市——我感觉就像是在天堂里一样。

这个赛季，我们第一次打进了所谓的“足球超级碗”——北美足球联赛的决赛。大家也许从这个名字就能看出来，北美足球联赛从美式橄榄球中借鉴了很多经验，比如将比赛放在一个中立的城市进行。于是，在“第三届足球超级碗”上，我们将在俄勒冈州波特兰市体育场的 3.5 万名观众面前，与“西雅图海湾人队”争夺冠军。比赛前，宇宙队的队友们走到我跟前，说要用最后一个冠军为我送别。感谢斯蒂芬·亨特和齐纳格利亚（就是史蒂夫·罗斯招募来的意大利前锋）的进球，宇宙队赢得了队史上首个足球超级碗。

几周之后，1977 年 10 月 1 日，宇宙队为我安排了一场告别赛。迄今为止，我共为宇宙队踢过 111 场比赛，打进了 65 个进球。当然，这并不是我首次参加自己的告别赛了。我在巴西的队友还有以前的对手都到纽约来观看了这场比赛，而这场比赛最好的安排是——宇宙对阵的是桑托斯俱乐部。

当天的纽约，这场比赛一票难求。巨人体育场内座无虚席。卡特总统还致了辞。拳王阿里到球员休息室来看我，以其一贯的风格说道：“我不知道他是不是一个好球员，但我绝对是比他优秀的。”

比赛开始之前，我们再次向世人展示了美国足球的发展成果：9 支少年足球队在球场中央围成一个大圈，其中 6 支是男子足球队，2 支是女子足球队，还有一支是残奥足球队。他们在场地上踢了一会儿球，向大家展示了他们的球技。接着，4 届世界杯夺冠球队的队长一起走上球场，他们分别是：1958 年巴西国家队队长贝里尼；1966 年英格兰国家队队长博比·摩尔；1970 年巴西国家队队长卡洛斯·阿尔贝托；

1974 年西德国家队队长贝肯鲍尔（亦是当时我在宇宙队的队友）。

有这么多的朋友前来捧场，我感到受宠若惊，但主办方还为我准备了更大的惊喜——他们请来了我的父亲。在我这么多年的职业生涯中，他只有寥寥几次到球场看过我的比赛。他当然是一直支持我的，但他不喜欢四处奔波，也希望远离球场的喧闹。在这个特殊的日子里，在我最终要跟职业生涯说再见的时候，他赶来了。看着这个教会了我关于足球的一切的人走进巨人体育场，这是我到那时为止最动情的时刻。

大家想必能够猜到，比赛还未开始我就先哭了一场。上半场我进了一个球，然后，为了向之前的足球生涯致意，我在下半场又换上了桑托斯俱乐部的球衣。可惜的是我没能为桑托斯进个球，但大家都不在意。比赛结束后，主持人递给我一个话筒，我向全场观众和队友们发表了一段简短的讲话。讲话结束时，我高喊着“爱！爱！爱！”这算不上什么精彩的结束语，但我当时心潮澎湃，心里有什么就直接脱口而出了。接着我拿起一面巴西国旗、一面美国国旗，被队友们扛在肩上周游全场。

那时我还有 3 周就 37 岁了。我的财务状况很好，还是美国的一个偶像，生活得很快乐。我已经真正地、完全地退役了。而就像我的伯乐瓦尔德马·得·布利托教练曾经预言的那样：等着我的是一个全新的人生。

17

仿佛就在一瞬间，所有的努力都烟消云散，就像初春的新芽被突来的暴雨打得七零八落。

宇宙队和北美足球联赛，尽管取得了很大的成就，同时也犯下了严重的错误。联赛扩编的步子迈得太大，到 1980 年时已经有了 24 支球队；更糟的是，每个球队都想签一个“贝利”回来，所以纷纷斥巨资购买国外球星，很快，北美足球联赛里就充斥着太多已经不在巅峰状态的球星，因此被欧洲等足球发达地区称作“大象的墓地”，而联赛的质量也一直不高。过分迷信国外球员也使本土球员得不到应有的重视，而他们与本国球迷的联系更多，最关键的是，这种状况很不利于美国下一代足球苗子的成长。

还有更严重的，购买国外球星的费用太高，令很多俱乐部的财政不堪重负。1977 年，亦即我在北美足球联赛效力的最后一年，全联赛只有明尼苏达和西雅图两个俱乐部能够赢利。是的，即使是比赛观众上座率最高、在国际上名气最大的宇宙队，也是入不敷出。

在我离开之后，北美足球联赛又坚持了几年时间，也兴盛了几年时间。宇宙队单年的观众上座率在 1979 年达到了顶峰，在巨人体育场的比赛平均有 4.67 万名观众。但随着热度逐渐冷却，其他俱乐部的经营就陷入了苦苦挣扎的地步；不久之后，半数俱乐部的上座率就已经很难达到每场 1 万人了。1985 年，北美足球联赛轰然倒地，宇宙队也未能幸免。

看到北美足球联赛的衰败，我心如刀割。上世纪 80 年代末我曾一度担心美国足球就这样“死去”，在接受采访时我如是表达了自己的忧虑。但我本应对它更有信心才对。毕竟，几个商人[1]的经营不善不能抹杀我们此前所付出的辛苦努力，也不能掩盖数年来足球这项美丽的运动盛行的吸引力。

正如 2007 年上映的、描述了宇宙队兴衰起伏的纪录片 *Once in a Lifetime* 中所强调的那样，宇宙队的人气仍在，在随后的日子里，常常以出人意料又令人心暖的方式偶尔浮现。比如说：我在前文中曾经说过，宇宙队签来贝肯鲍尔的时候，一群孩子赶到机场迎接他，其中一个孩子就是麦克·温迪斯曼。麦克在 1975 年——我加入宇宙队的那年——在宇宙队当球童，长大以后，他变成了一个优秀的足球运动员，还担任了美国国家队的队长，甚至带领美国队打进了 1990 年的

1　即球队的老板。

世界杯。这是时隔 40 年后美国再次打进世界杯，而在上次，亦即 1950 年的世界杯上，他们在巴西的土地上爆冷击败了英格兰。

上世纪 70 年代（即宇宙队辉煌的时期）成长起来的一代人改变了一切。纵使北美足球联赛不再，美国职业足球在上世纪 80 年代进入了冬眠期，但美国人对足球的热爱并未消减。

即使是在美国足球最萧条的时期，国内数千个大大小小的绿茵场上仍有人在踢球。有人甚至说在上世纪七八十年代长大的孩子是“贝利一代”，真是愧不敢当。米娅·哈姆是全世界首屈一指的女足运动员，她就曾说过，每当宇宙队到华盛顿打比赛，她一定会去看。美国职业足球大联盟于 1993 年成立，得益于他们谨慎的经营方式，现已蓬勃发展，甚至比原先的北美足球联赛更兴旺，而他们的球员都多多少少受过我们的影响。前明星球员、现任“新英格兰革命队”主教练的杰伊·希普斯是我在抵达纽约的那一年出生的，他说小时候在家里的录像机上一遍遍看我的《贝利：足球大师及其足球理论》。他甚至还把球吊在树枝上，一连数个小时练习头球技术！我真的很高兴——时至今日，时隔 60 年，相隔 5000 英里，父亲的训练方法还在发光发热。

最好的机会、保证美国足球美好未来的机会出现在 1988 年。有 3 个国家申办 1994 年世界杯的主办权，美国即是其中之一。从上世纪 70 年代我就一直梦想着世界杯有一天能够踏上美国的土地；我想，在家门口见识到世界顶级水平的赛事，对美国各个阶层的大众来说是很有必要的，还能引发他们对足球的喜爱。如果能让处于巅峰状态的世界顶级球员在美国的各大球场里比赛，其推广效果会远远超过全盛时期宇宙队的成就。

但我对美国世界杯的美好憧憬还有个障碍——另两个申办国分别是摩洛哥和……巴西。大家可以想象得到，当我公开宣称支持美国承办 1994 年世界杯时，巴西国内是怎样的愤怒气氛。很多体育专栏作家以及巴西人都说我是美国人的傀儡，说我不爱国。但是，我这么做是有原因的。

首先我认为，要保住足球在世界上最发达的国家的未来已经刻不容缓，我们需要一个高水平的“大动作”来吸引美国民众的注意力，并引发美国职业足球的复兴。其次，我认为当时的巴西并不适合承办世界杯。我很高兴巴西在 1985 年摆脱了军事独裁统治，但其转变也带来了种种问题。巴西本已萧索的经济状况跌到了谷底，贫穷与日俱增；还有通货膨胀，因为新政府也是入不敷出。还记得前文说过的上世纪 60 年代早期巴西物价平均每年翻一番，百姓怨声载道吗？在 80 年代末，物价是每个月翻一番！脑子稍微正常点的人都能明白——在这种情况下，我们是盖不起诸多新场馆或翻修现有场馆的。我在当时就曾公开说道：“一个数百万人都吃不饱肚子的世界第三大债务国，是不应考虑用公款承办世界杯的。”这些话很不得人心，但都是实话。

1988 年 7 月 4 日恰好是美国的独立日，国际足联宣布美国获得 1994 年世界杯的主办权。我很高兴在其中出了一份力，我对记者说这是“我的又一个梦想成真了”。时任美国足协主席的阿兰·罗森柏格向我提供的帮助表示了感谢，后来他说：“在个人层面上，贝利是把世界杯带到美国的最大功臣。”

18

当激动人心的时刻最终来临的时候，我发现，美国世界杯的成功远超我的设想。平均每场 6.9 万人的上座率打破了 1966 年英格兰世界杯期间创下的 5.1 万人上座率的纪录。美国队表现很好，他们小组出线，打进了淘汰赛，但他们在八分之一决赛中不幸地遇上了一个厉害的对手：巴西队。

这场比赛——同样是在 7 月 4 日举行，真是太奇怪了——引起了媒体的热烈讨论：贝利会支持哪支队伍呢？巴西队已经 24 年没有赢过世界杯了，再加上上世纪 90 年代中期国内的种种问题，巴西人的心情已经逼到了悬崖边上。“焦虑的心情大幅度蔓延，”《纽约时报》如此写道，“倒不是巴西人害怕美国队，而是，在巴西，这场比赛的结果只有两个：要么是华丽的胜利，要么是全国的大恐慌。”

每当回想起这些耸人听闻的叙述，我都会笑出声来，因为——这是千真万确的！但话说回来，大家根本没必要紧张。

我当然要支持祖国的球队，但我同样期望能看到美国——这个待我慷慨友好的国家——国家队能有上佳表现。

比赛的结果是非常完美的，在加利福尼亚州北部的斯坦福球场的8.4万名热情高涨、挥舞着小旗子的观众面前，巴西队以1 ：0小胜美国队。美国队当天的防守做得非常好，巴西队的贝贝托直到第74分钟才打进一球，而比赛的悬念一直持续到终场哨声响起。美国队没有赢下比赛，但他们见识到了世界顶级球队的水平，此后美国国家队一直在进步，在以后的几届世界杯比赛中表现得越来越好。

然后再说巴西队。1994年的巴西国家队是历史上非常、非常好的一支队伍。我的老队友、1970年的国家队教练扎加洛又回到了教练班子，担任国家队主教练卡洛斯·阿尔贝托·佩雷拉的副手。这届国家队里好手云集：邓加、贝贝托、罗马里奥，还有一个名叫罗纳尔多的不世出的足球天才，他当时才17岁，跟我参加1958年世界杯时同岁。虽然罗纳尔多在1994年世界杯上并没有太多上场机会，但他日后最终以15个球打破了由我创造的世界杯进球纪录。

说到瑞典队，他们1994年那届国家队也很优秀，他们与我们在半决赛上相遇了。那场比赛打得难分难解，瑞典人似乎是要报当年在斯德哥尔摩的一箭之仇，最终巴西队的罗马里奥在第80分钟打进一球，而巴西队也以1 ：0赢下了比赛，挺进决赛。

在决赛中，意大利队跟以往对阵巴西队时一样，表现得异常英勇。常规时间结束，双方打成 0 ∶ 0 平，加时赛双方也没能打破僵局。于是世界杯决赛中首次通过点球决定胜负，虽说有些遗憾，但似乎没有人在意；至少巴西队如此，因为他们赢得了点球决战。

比赛结束，全场观众齐声欢呼喝彩。美国副总统阿尔·戈尔走上球场，将奖杯交给巴西队长邓加。我当时也在球场上，心中涌动着自豪感，为美国，也为我喜爱的足球运动。两者虽然不甚搭调，但都征服了每个人的心。

第5章 巴西，2014

1

经常有人问我：“在你的职业生涯中，是否有过压力太大、压得你喘不过气的时候？”

有，我答道。有过一次。但反过来，它也为我掀开了人生最精彩的篇章。

1969 年，亦即墨西哥世界杯之前的那一年，我的职业生涯迎来了一个里程碑——1000 个进球。这是个很难达成的成就，造成其难度的部分原因是我需要参加的比赛数量。这些进球包括我为桑托斯俱乐部、为国家队还有从瑞典回来后在军队里比赛打进的所有进球。赢得了那届世界杯之后，跟所有巴西上世纪 50 年代的年轻人一样，年满 18 岁的我去服了 1 年兵役。这是一件好事，它证明每个人都是平等的，都不能搞特殊化，而这个安排也给军队带来了好处——他们的内部足球赛上多了一个优秀的前锋！

1000 是个不小的数字，包含了太多的汗水和努力。我在前文中也提到过，桑托斯俱乐部安排了太多的比赛，希望利用我们的名气尽量捞钱。比如说，1969 年 3 月份，我踢了 9 场比赛；4 月份，6 场；5 月份，6 场；7 月份，桑托斯俱乐部先后与科林蒂安斯、圣保罗、帕尔梅拉斯三个强队交手，此外还跟以防守见长的英格兰踢了一场球（最后我们以 1 ： 0 获胜），在这个月的月末，我们又到意大利米兰参加了一场激烈的国际比赛。这个月还算轻松的，因为只有相对较少的 5 场比赛。不论是过去还是现在，总有些人在贬低我1000 个进球的意义，说那只是比赛太多的结果。我的回答是：球队的安排不是我能做主的。我觉得，就凭我没有累瘫在球场上这一点，也是值得一点赞美的吧。

不管怎么说，绝大多数人还是认为这个进球量是值得庆贺的。“贝利的 1000 个进球要比巴比 · 鲁斯职业生涯 714 个全垒打更厉害一些。”美联社在当时如此评论道。巴西诗人卡洛斯 · 德鲁蒙德 · 德 · 安德拉德的评价则公正得多：“其困难之处、非凡之处，不在于打进 1000 个球，而是在比赛中像贝利那样进球。”

人们的种种好话只会带来一个问题，那就是你得达到他们的预期。1969 年 10 月我完成了第 990 个进球，却突然感到身心疲惫，还有些慌乱。我不喜欢所有压力都放在我一个人身上的感觉，就跟数年后在我的“告别赛”上那种莫名的紧张一样。没有人关心我是否紧张，他们也不需要这样做。我是个职业球员，从事着热爱的事业。此后每过一天，来自世界各地的球迷和记者数量都在增加；客场作战时，他们会举行游行、悬挂旗帜甚至邀请游行乐队准备为我庆祝——而我是他们的对手啊！

在种种期盼的重负之下，我卡壳了。第 1000 个球迟迟不来。那段时间里，有一场比赛甚至是以 0 ∶ 0 结束，这在以进攻见长的巴西足球联赛上是很少见的。在萨尔瓦多市与巴伊亚队的比赛中，我有个射门偏出了门柱，另一个则是失之毫厘——在进球的一刹那被后卫从球门线上挡出来了。我的压力越来越大，状态也失常了，桑托斯俱乐部甚至决定让我在跟若昂佩索阿一个弱队比赛时充当守门员。我能打这个位置，因为在巴鲁时我就常常当守门员，而多年来我都是桑托斯俱乐部的替补守门员。但这次安排明显是球队对我的照顾，他们不想让我有太大压力。

就在我仿佛永远困在第 1000 个进球的门槛上时，桑托斯迎来了它的下个对手——我们要在马拉卡纳球场迎战瓦斯科队。我曾在马拉卡纳球场打过很多比赛，但只有这一场的气氛最为紧张。当天是 11 月 19 日，巴西的国旗日。马拉卡纳球场里座无虚席。球场里邀请了军乐队来演奏，还放了气球。我紧张得都快吐出来了。

终于，一个传球朝我飞来，速度高度都恰到好处，是我最喜欢的传球。这是头球攻门的最佳时机。我高高跃起，像父亲教我的那样——顶球时睁大眼睛。

球进了！

但是——我没有碰到那个球。瓦斯科的后卫雷内在我之前抢到了点，本想解围的他却把球顶进了自家球门——乌龙球！我无法相信！天哪，我再也进不了球了吗？

几分钟后，我带球突向禁区，被对方绊倒。裁判的哨子响了。点球！我无法相信——第 1000 个进球就要来了吗？

是的。我把球在罚球点摆好，却发现自己在颤抖。罚球的时刻到了，我跑向足球，中途停顿了一下骗过守门员，然后将球踢进。

这次是真的了：

球进了！

观众们沸腾了。我跑到球门里，把球拿起来亲了两下。看台上燃起了烟花，人们都高声欢呼着。一群记者和摄影师拿着话筒、扛着摄影机冲进场里，问我什么感受。我此前并未想好进球后该怎么说，所以就说出了最近萦绕心头的事：“我们应该照管好下一代，这是我们应该担心的事。”

我为什么要说这些话？几个月前，训练完毕后我提前离开了桑托斯训练场，这时我看到一群十二三岁的孩子——就是那种在巴西你给他们几毛钱让他们“照看”你的汽车的孩子。这种事在巴西非常普遍，说实话有点勒索的意思。当时他们正在我的停车位旁边，准备偷旁边那辆汽车。我问他们在干什么。他们起初并不搭理我，后来认出了我是谁，才跟我说起话来。“别担心，贝利，”其中一个孩子安慰我道，“我们只偷圣保罗队的汽车。”我愣了一下，接着无奈地笑了，我对他们说，偷谁的车都是不对的。

他们朝我笑了笑，四散离开了。但这件事一直萦绕在我的心里，令我担心忧虑。小时候我也偷过东西——前文中说起过，我跟小伙伴们在巴鲁的火车上偷过一些花生去换取我们球队的“启动资金”。尽管国家的经济在发展，但巴西孩子的生活还是太残酷，太危险。巴西的城镇化发展很快，仅用了一代人的时间,巴西就从一个农村国家变成了城市国家。巴鲁老家那种街坊四邻彼此熟悉的人际联系随着人们搬到城市里各谋生路而分崩离析。现在的孩子，不像我们小时候一样到河里游泳、到树林里找杧果，而是躲在公寓楼的房间里吸毒。对我而言，偷花生和偷汽车是截然不同的两回事，当然，身为人父也令我对下一代的成长格外关心。

有趣的是，那一天，比起我的第1000个进球以及我为之付出的努力，人们记住的反而是我发表的那番关于下一代的言论。

事后，我受到了很多媒体的批评，他们说我蛊惑人心，或说我虚伪。但我觉得这样做很好：利用那个特殊的时刻、借着全世界都在观看这场比赛的时机，将人们的关注从球场上转移到更严肃的事情、转移到令我深深担忧的社会问题上去。随着我慢慢变老，我开始意识到——足球能够、也应该有更远大的目标，而不仅仅是进球、助攻和夺冠军。尽管有很多的冷嘲热讽和怀疑，但巴西以及全世界的人民真真切切听到了我的心声。

2

我还在为宇宙队效力时，有一次在纽约参加一个鸡尾酒会，这时一位优雅的年长妇人被人引荐给我。

“很高兴认识你，贝利，”她说道，“我是尤尼斯·肯尼迪·施莱佛[1]。”

数年前我曾见过她的哥哥约翰·肯尼迪总统，他魅力非凡、和蔼可亲，我为他在1963年的死而感到悲伤。[2]但到此刻为止，我对其家族的其他人以及他们各自从事的工作几乎一无所知。当天的鸡尾酒会上，施莱佛夫人向我说起她于1968年开创的一个项目——在特殊人群推广体育活动。我对此产生了兴趣。

“我们把它叫作‘特殊奥林匹克运动会’。”她对我说，

---

1 美国前总统约翰·肯尼迪的胞妹，世界特殊奥林匹克运动会的创始人。特殊奥林匹克运动会，简称特奥会，是专门为智能低下、言语不清的神经和精神障碍患者甚至是生活不能自理的儿童举办的国际性运动竞赛活动。

2 肯尼迪总统在1963年遇刺身亡。

“要是你能帮我们推广的话，那就太荣幸了。”

我立刻就接受了。我从未听过比这更值得做的事。此后多年时间里，我出席各种活动和会议、跟运动员们见面，以此来帮助推广特奥会，也成了纽约与施莱佛夫人关系密切的人之一。她庄重而机敏，一直对我很好。她说她喜欢巴西人的快乐天性，喜欢我们的音乐和舞蹈。她一心想把特奥会办成功。1968 年第一届特奥会作为一个田径比赛在美国芝加哥市举行，当时只有 1500 名运动员参加；而到了 1993 年，它变成了来自 55 个国家的运动员参与其中的盛事。能在特奥会的发展中出一份力，是我这一生最满意的经历。我永远都忘不掉施莱佛夫人的那句话：“特奥会上，比的不是强壮的身体和敏捷的思维，而是应对身体障碍的不屈的精神。”

我为美国人将慈善、商业、运动三者合而为一进行推广的能力而震惊。我在巴西从未见过这样的事。施莱佛夫人尤其擅长将人们聚在一起，既做了善事，又体验了快乐，还挣了钱。有这样一个例子：我们一群人曾在周末 3 天聚在华盛顿为特奥会筹钱，同时推广由克里斯托弗·里夫主演的电影《超人》。

参加活动的名人有很多，有史蒂夫·罗斯，有美国著名记者芭芭拉·沃尔特斯，还有亨利·基辛格。施莱佛夫人的女儿玛丽娅当时 23 岁，她是跟男友一起过来的，而她的男友是一个名叫阿诺德·施瓦辛格的奥地利健美运动员。那时的他话不多，英语仅比我好一点。我问他在欧洲是否踢过足球，他笑着答道："我喜欢举重，那是我的强项。"

《超人》首映式上，卡特总统夫妇也来了。基辛格为了调动现场的气氛，就说起了他当初在德国当足球守门员的经历。"谢谢大家能来观看这部描写我人生的电影。"他开玩笑道。接着，在正片开始之前，首先放映了一段特奥会的电影。电影中的那些孩子诉说着体育对他们是多么重要、能让他们找到信心和自我，全场陷入了沉寂。

这是一种令人心暖、意义重大的事业，对我也是一次珍贵的人生经验。慈善、善行不是枯燥无味的，着眼于特殊的、实实在在的结果，它同样可以很有成效。带着这些收获，我回到了巴西，希望尽己所能为祖国做点好事。

3

上世纪 90 年代早期，巴西的情况似乎已经跌到谷底，却仍在恶化。除了人们早已感觉麻木的经济问题，我们还经历了一系列人间惨剧，整个世界都为我们感到悲哀。1992 年，圣保罗卡兰迪鲁监狱发生暴乱，军警闯入监狱平息暴乱，造成 111 人囚犯死亡。就在几个月之后，1993 年，一群枪手朝数十名在里约热内卢的坎德拉里亚教堂外睡觉的流浪儿开枪射击，8 个孩子死亡（有些仅仅是十一二岁的少年）。而这些枪手竟然是警察，他们对里约的犯罪事件心中恼火，于是就做出了这样的报复行为。

坎德拉里亚教堂的惨剧令我以及很多巴西人感到震惊。我哭了好几天。这就是我最担心的事，亦即 1969 年我所表达的对巴西儿童生存状况的担忧。我们生活在一个病态的社会，贫困的弱势群体无可依靠。

当时的巴西，跟我小时候一样，贫富差距的状况未有丝毫改变。社会阶级之间的鸿沟深不见底，巴西已成为世界上最不公平的国家。与此同时，巴西的人口也在以惊人的速度飙升：1956 年——我离开巴鲁前往桑托斯那一年——巴西的人口是 6000 万；而到了 1990 年，其人口已是 1 亿 7000 万。所有新增的人口都出现在城市里，原先的巴西是个农村占主导的国家，现在已经有 80% 实现了城市化。城市的规模太大，而工作岗位少之又少。很多人住在里约和圣保罗附近山上的贫民窟里，衣食不保，暴力事件频发。很多人都认为，这辈子是看不到情况会有转机了。

1994 年美国世界杯期间，巴西国内的总统选举也在如火如荼地进行。我对此并未太过在意。我不喜欢愤世嫉俗，但我相信政治是巴西的问题，而非其解决方式。

新当选的总统与其前任略有不同，他是圣保罗的一位社会学家，名叫费尔南多・恩里克・卡多佐。他曾认真研究过巴西的贫穷现象及其原因，还曾在上世纪 50 年代做过研究，证明了巴西黑人在经济上遭受的机会欠缺。在军事独裁时期，费尔南多・恩里克是一个左派分子，甚至曾经流亡到智利和法国。但他的政治观一直在发展变化，现在，他想将巴西变成一个经济协调、有活力的现代化国家。他并非魅力非凡，尽管他能流利地讲法语、西班牙语、英语三种语言，说出的话却常常让普通百姓难以理解。尽管如此，身为前任政府的财政部长，他在处理通货膨胀方面的确有一手。1993 年时，巴西的国内物价飙升 2500%，达到了历史的顶点；但到了 1994 年中期，物价就基本稳定住，不再上涨了。此举深得国内好评，他也因此辞去财长职务，参加了总统竞选。

费尔南多·恩里克同样从足球这里“借力”去推行自己的政策，这一点倒是跟他的诸位前任有些相仿。1994 年 7 月 1 日，亦即当年世界杯上巴西与美国比赛之前 3 天，费尔南多·恩里克发行了新的货币，名叫“雷亚尔”。他希望此举能帮助稳定物价。当然，新货币成功与否跟足球并没有直接的联系，但是费尔南多·恩里克后来说，如果巴西国民心情舒畅、对国家抱有信心的话，他们可能会更能接受雷亚尔的出现。而能让巴西国民心情舒畅、重拾信心的，除了赢得世界杯还有什么呢?

于是他决定把自己的命运与国家队的命运挂钩。那届世界杯期间，他邀请记者及有关人士到他家里，坐在电视机前面观看比赛，为巴西喝彩。这么做其实是有一定风险的，毕竟巴西已经有 24 年没有赢过世界杯了。但是，一切顺利，巴西在玫瑰碗球场击败了意大利，获得了世界杯冠军。说来也巧，雷亚尔的发行也获得了成功。几个星期之后，费尔南多·恩里克以微弱的优势当选巴西总统。政治和足球在巴西再次有了连线。我真是无法相信。

1994 年年末，在就职典礼之前，我受邀到巴西利亚与费尔南多·恩里克会面。我不知道此行的目的是什么。费尔南多·恩里克很和善，也比我想象的要实际一些。“我们有很多事要做，其中之一就是让更多的孩子上学，” 费尔南多·恩里克对我说道，“我们认为，从长远来看，这么做能够解决巴西的很多问题。”

听起来不错，但我不知道这跟我有什么关系。随后他解释道：“贝利，我想让你来担任新政府的体育部长。”

这可不算是什么新鲜事。我感觉受宠若惊，这是当然的。但在过去10年当中，有三位巴西总统曾邀请我担任这个职位，我都拒绝了。我同样拒绝了费尔南多·恩里克，然后礼貌地向他表示了感谢，准备起身离开。

“嗯，我理解，”他温和地说道，“但是，你在打进第1000个球时发出的呼吁，说是为了巴西的下一代的话，算怎么回事？”

他随后解释说，在他想让巴西的孩子们上学的计划中，体育是一个基础环节。“这是一个机会，你可以做点实实在在、真真切切的事来帮助孩子们。来吧，贝利。你怎么想？”

我当时想的是：这家伙真厉害！也许我真的该停止对巴西政治的空谈，真正做点有积极意义的事了。不由自主地，我答应了费尔南多·恩里克的邀请。在抱怨了国内政治这么多年之后，我也要成为其中一分子了。

4

巴西是个随意、悠闲的国家，很少见到一本正经西装革履的人，而即便是用巴西的标准来衡量，我都算是个无拘无束、不拘礼节的人。所以，见到华丽庄重的巴西利亚，我们的首都，我一下子有些不知所措。这个城市里，到处是复杂的头衔，深色的正装西服，黑色轿车，还有那些讲话——你得认识在场的每一位要人，才能开口说话！朋友们甚至都不知道该怎么称呼我了。埃德森部长？贝利部长？多年来我曾有过很多个绰号，其中有一些甚至带有一些种族色彩，如“老黑”和“土人”。我刚上任的几个月里，有些相识数十年的熟人过来看我：

“嘿，土人，最近怎么样？”

接着他们脸色一白，忙改口道：

“哦，对不起，埃德森部长……”

我只是笑着对他们说：“没关系，没关系，轻松点……”

这是一种全新的体验，但我对自己的新职务很自豪。能有一个官方的身份为祖国效力，我心感荣耀，也很感谢总统和国民对我的信任。我还因自己是巴西第一个黑人内阁部长而感到骄傲，巴西独立已近两个世纪，首位黑人部长的出现也表明了巴西的黑人在争取机会的道路上奋斗了太久。我很高兴能够打破这个障碍，这样更多的黑人同胞就能走上相同的道路——事实上也正是如此。

我惊喜地发现，在巴西利亚真的能做很多好事。正如费尔南多·恩里克所承诺的那样，我们最大的目标是说服巴西的父母们把孩子送到学校去上学。而要达到这个目的，就不得不面对巴西的很多严峻问题，其中最大的难题就是：贫穷。1992 年的一次研究表明，巴西 5 岁以下儿童营养不良的比率高达 15%。很明显，对巴西来说，它不仅是当前的棘手问题，还会影响到巴西的未来。全国总共有 3200 万儿童生活在贫困之中，这个数字比加拿大全国的人口都多。我们相信，如果能让孩子们到学校去上学，短期内起码能够保证他们能吃得好一点，还能让他们远离街区上犯罪事件的影响；而从长远来看，他们还能接受教育，而教育是改变贫穷命运的关键一步。

费尔南多·恩里克的一个想法是开展一个名叫“bolsa escola”的项目——只要某个家庭让孩子去上学，就每个月发给他们数美元的助学金。事实上，此举正是巴西教育情况的转折点，也是很多贫困家庭生活的转折点。但以我个人的经历来说，除了助学金，这些孩子在学校里还需要某种爱好，以防产生辍学的念头。想当初，如果巴鲁的学校里有足球活动的话，我是不会总逃课逃学的！

所以，在体育部等处的很多人的帮助下，我们开启了一个项目：在贫穷的社区设置低成本的运动设施，如足球场、篮球场等等。我们将这些设施称作“vilas olimpicas”，亦即“奥林匹克村”。这个名字能给人一种高档的感觉，但建设每个“vilas”往往需要近 100 万美元的费用，而巴西政府当时资金匮乏，于是我们就从美国施乐等公司争取赞助。巴西的孩子们可以随时使用这些运动设施，但是——这一点才是关键——要想使用这些设施，他们需要证明自己在学校有相当的出勤率。这么做有两个好处：一是迫使他们去学校上课，二是让他们远离学校外的毒品、犯罪等不良影响，哪怕是几个小时都是好的。

这个设想其实很简单，但成效是喜人的。在很多设置了“vilas”的社区里，学校的出勤率上升了，青少年犯罪率下降了，有的地方青少年犯罪率甚至降到了 0。1997 年美国总统克林顿和妻子希拉里到里约访问，他们参观了位于曼盖拉小镇上的一处办得很成功的“奥林匹克村”。克林顿总统发表了演讲，他称赞了这个项目所取得的成功，还向一个学生表示了祝贺——她是全家第一个考上大学的人。

演讲结束后，克林顿总统跟我一起走到足球场上。“你可得让着我点儿。”他笑着对我说道。我也笑了。记者们也都笑着，拍摄我们俩踢球的照片。

克林顿总统球踢得不错！但是，说实话，我当时想的已经不是足球了。我对我们取得的成就感到高兴和自豪。我感觉，那一刻就是我之前努力奋斗的最佳回报。我在足球上的成功给了我施展影响的平台；我受到的教育给了我做事的能力；人们对我的信任、我和体育部的同事们的艰苦努力使得这个项目得以实现，对巴西儿童的生活起到了积极的影响。这是值得骄傲的一刻，对埃德森、对贝利而言都是如此。

5

迄今为止，为鼓励孩子们上学而创办的“奥林匹克村”项目是我身为体育部长所做的最自豪的事。除此之外，我们还在巴西的印第安人群体、监狱里的犯人们中间组织过足球比赛。但是我要帮助的群体还有一个，那就是巴西的足球运动员。当时巴西的弱势群体那么多，乍看之下，足球运动员似乎并不是迫切需要帮助的群体；但事实并非如此，有些与他们利益紧密相关的政策迟迟未能制定落实。

绝大多数外国人都认为巴西的职业足球一定是兴旺繁荣的。毕竟我们有着全世界最丰厚的足球传统，有大量球迷基础，还有不断涌现的足球天才。所以，我们的联赛一定是世界上最好的了，对吧？错了。在上世纪90年代，巴西的俱乐部连球员的薪水都应付不来，其中部分原因是很多资金都被贪污了。没有人知道那些门票收入和球员转会费到底去了哪里。社会上暴力事件频发，球场里也变得不安全了，当然足球也难逃其影响。结果就是，很多人都开始远离足球圈，巨大的体育场内——连马拉卡纳球场都算在内——上座率都不过半。

与此同时，某些规章制度——或者说因为缺少某些规章制度——剥夺了球员们最基本的权利。巴西的职业球员没有退休金，没有医保，在与一个俱乐部的合同到期之后，他们甚至没有权利成为“自由球员”。如果他们不能跟现在的俱乐部续约，那么这个俱乐部就可以禁止他转会。这就跟卖了终身一样。虽然有很多巴西球星在欧洲的俱乐部里挣大钱，但在国内，很多球员甚至连生计都难以维持。

从全世界范围来看，巴西并不是唯一一个面临以上问题的国家。到上世纪 90 年代，英国的足球联赛以及部分欧洲国家和中东国家的足球联赛，其上座率都不高。上世纪六七十年代兴起的足球流氓——普遍认为是源于目无法纪、无依无靠的文化阶层——在球场内寻衅滋事，因为害怕波及自身，每场比赛都有数千球迷不敢到现场看球。与此同时，足球主管部门的权力又太大。上世纪七八十年代由足球带来的金钱和影响力突然间给巴西国内及国际上那些足球官员巨大的权势，但相关规章和法律的制定又严重滞后，无法限制权力的滥用和金钱的贪污。

真的，很多年里，有个问题一直在困扰着我：足球挣来的钱就像绝了堤的河水一样外流。我记得在桑托斯俱乐部效力时，我们到欧洲、非洲、美国踢过那么多场国际比赛，但俱乐部却一点富起来的迹象都没有。我们的训练设施和球员休息室都不算好。有一年，在从欧洲踢完一系列比赛之后，得来的钱都放在一个手提箱里，而那个手提箱消失了。一位球队官员下了飞机，提着手提箱去喝咖啡，回来时说手提箱被人偷走了。这简直是《碟中谍》里的情节啊！现在我们把它当成一个笑话，但当时太令人心酸了。

关于球员自由转会的问题一直令我苦恼，从上世纪70年代初我就一直跟政客们谈论这件事。我曾跟几个桑托斯队队友坐飞机到巴西利亚找梅迪西总统，跟他说了我们球队里刚刚发生的一件事：我们一个队友跟球队某个董事的女儿谈恋爱，他们后来翻了脸，于是那个董事就要求将这名球员踢出球队；于是他就被解雇了，但同时又被禁止与别的球队签约。在巴西，别的职业都受到劳动法的保护，以免其从业者受到这种不公正待遇，但偏偏足球运动员没有这种权利。

梅迪西总统对那位球员的遭遇表示了同情，但他最后选择了最简单的处理方式：那就是什么都没做。现在我是体育部长了，我决心把这个问题解决掉。我提出了一整套改革措施，目的是帮助巴西的球员和球队。我不仅要让球员们获得自由转会的权利，还要制定法律，强制俱乐部每年公布财务报告。这样一来，凭空消失的手提箱就能少一点了。

很明显，球员自由转会权是生逢其时；但在第二点上，因为牵扯到了俱乐部的财政透明度，我遇到了很大的阻力。巴西国内几乎所有的俱乐部都反对这项立法，因为俱乐部的老板们明白，这是在剥夺他们的特权。他们甚至在巴西利亚成立了一个游说团体，每天都在抗议这项立法。与此同时，有人指控体育部有贪污腐败的问题，我不得不解雇了 14 个人。每天报纸上都有文章在抨击我，说我是在毁掉巴西足球——尽管我要做的其实是在拯救它。

1998 年，一条法案终于获准通过，人们将其称作“贝利法案”。但除了允许球员自由转会之外，其他条款都被剔除掉了，回顾起来，我都不愿让它以我的名字命名。

我很不习惯每天被媒体诽谤中伤，这种事一点都不好玩。我只是想让足球这个职业得到应有的地位和待遇，但这么多年过去了，这个目标还未实现。很多俱乐部依旧债台高筑，球员们仍然在为更好的生活而拼搏奋争。在世界上的其他地方，多亏了保障的提高和更专业化的管理，很多在上世纪 90 年代困难重重的联赛，现在的情况已经大有好转。很可惜我的祖国还在这个泥坑里拔不出来。巴西的足球，巴西的球迷，理应过得更好才对。

6

费尔南多·恩里克的继任者是路易斯·伊纳西奥·卢拉·达席尔瓦，而他也是继费尔南多·恩里克之后又一个巴西总统的“另类形象”。卢拉出生于巴西东北部，他的父亲共有23个孩子，小时候，他们一家人挤在一辆货车的车头里来到了圣保罗。他是巴西首个工人阶级出身的总统，跟我一样，他受教育不多，但取得了很大的成就。不论是在巴西百姓的眼里还是在国际上，他都是一个鼓舞人心的形象。

卢拉很风趣，也很有魅力。他是一个超级足球迷，而他当选巴西总统的时候，恰恰是巴西在2002年第5次夺得世界杯之后。但他喜欢的球队是科林蒂安斯——在前文中我曾说起过，在跟这支球队的交手历史上，我一直有着上佳表现。头几次跟卢拉会面时，他总是笑着对我说：“啊，贝利，你这个混蛋，你跟你的桑托斯真是让我头疼啊。”他还让我向母亲转达他的歉意，因为数年来他每次看我跟科林蒂安斯踢球时都会“问候”我老妈。

我们都笑得很开心。

我一直跟卢拉相处得很好。但在他上任之后不久，就要取缔“奥林匹克村”项目，这令我非常失望。这个项目一直做得很成功，即使在我离开体育部之后依然如此。我请求卢拉再慎重考虑一下。但他说，他要取消“奥林匹克村”项目，因为他所在的政党有一个不同的计划。这里要提醒大家，那是一个“不同”的计划，而不是一个“更好”的计划。于是，“奥林匹克村”项目就终止了。

这就是我不理解政治的地方。政客们整天都忙着斗来斗去，为了己方利益不惜毁掉对方所取得的成就，而不是去考虑民众的利益。在我看来，“奥林匹克村”项目的终结，再次证明了我不是玩政治的料。

尽管如此，在过去的20年里，巴西和整个世界都有了很多好的转变。在我的祖国巴西，有3500万人摆脱了贫困，进入中产阶级——这个数字是纽约市人口的4倍。巴西的顽疾——社会和经济的不平等——也有了改观。疾病缠身、营养不良的普遍现象——也就是1958年国家队队医筛选队员的“标准”——已经消失。举例来说，上世纪50年代，巴西人的平均寿命只有46岁，而当时美国的人均寿命是69岁。这是一个巨大的差距。而今天，巴西的人均寿命是73岁，只比美国的人均寿命少5年。而与此相对应的，随着国家的进步，也多亏了我们在上世纪90年代的鼓励政策，学校的入学率大大提高了。鉴于我自己的成长经历，我对这件事尤其感到满足，这是一个在以后几十年里持续让我们受益的巨大成就。

在巴西国内，很多人都将国家的进步归功于前两任总统。的确如此，费尔南多·恩里克和卢拉的确居功甚伟。我曾到过世界上的很多地方，很多国家同样取得了跟巴西一样的巨大进步。从全球范围来说，从 1990 年至今，极度贫困的人口数量——通常的衡量标准是每天的生活费用低于 1.25 美元——下降了 10 亿。这些情况是我在跟随联合国儿童基金会等组织到非洲、东南亚、拉丁美洲等地访问时亲眼看到的。世界上的贫困现象依然大量存在，这都是不应该的。但除了个别情况之外，过去我们见到的那种大范围的穷困现象已经没有了。在我成长过程中以及在我周游世界参加比赛期间司空见惯的面黄肌瘦、疾病缠身、愁眉苦脸的人，已经越来越少了。

带来这种进步的原因有很多，我对其了解不是很全面，所以也不在这里一一列举了。但回顾自己的经历时，我又想起了 1950 年世界杯时的情形，那时的巴西人，都围聚在收音机旁收听马拉卡纳球场的比赛。那天过后，人们就常常感觉自己跟国家的联系更密切了，感觉自己是某个集体的一分子。而这种凝聚力一旦成形，就很难再被拉扯开了。上世纪 60 年代，随着人们对外界了解的增多，他们对自身权利的诉求也增加了；而在穷人们身上，他们希望在巴西的生活能像巴西在球场上的表现一样好。我还想起了，就在同一段时期内的足球场上，我们对个人能力的重视程度降低了，而更注重团队配合。这种价值观正在被全世界人们广泛接受，而非仅仅局限在足球场上。

现在，体育能挣到的钱越来越多，我也常常看到足球普及所结出的果实已经惠及贫困的群体——或者是直接的捐赠，或者是通过足球培训班等项目组织年轻人参加比赛。以我的个人经验而言，不论是男孩还是女孩，在他们踏上球场的那一刻,他们就会感到自己跟村子里的其他孩子是平等的，甚至跟全世界的孩子都是平等的。这种自豪和自信的感觉，一旦经历过后，就再也难以割舍。他们会有政治诉求，他们会为自己和家人争取权利。

是的，我相信，足球帮助世界变得更好。也许足球并不是其关键因素，但它是一个重要的推力。足球教给我们的是一种普世价值观，它曾让我变得更好，也曾让无数人受益匪浅。

7

在世界杯上的诸多进球之中，大家觉得哪个是巴西足球历史上最著名的进球？

1970 年世界杯决赛上击败意大利时，由卡洛斯·阿尔贝托打进的那个球？

1958 年世界杯比赛中击败苏联时，迪迪助攻瓦瓦为“足球史上最精彩的 3 分钟”画上完美句号的那个球？

还是同一届世界杯决赛上，我在最后一刻攻入瑞典队的那个头球？

都不是。巴西人念念不忘的，一遍遍在脑海中浮现的，是 1950 年马拉卡纳球场上乌拉圭前锋阿尔西德斯·吉贾打进的制胜一球。

已经过去 64 年了，可是……

人们之所以难以忘记这个进球，其部分原因是我们从那时起就再也没有承办过世界杯。尽管巴西以 5 次夺冠的成绩傲视群雄，但我们的大多数对手都曾体验过在祖国的土地上品尝夺冠的甜蜜——阿根廷、西德、英格兰、意大利……我们没有。相信我，我曾目睹过：在本国夺冠、庆祝，由此引发的爱国情绪、球迷的热情、球员的自豪感，都是无可比拟的。

1994 年世界杯，巴西是申办国之一，但当时我是反对申办的；我认为国家应该把钱用在更重要的事情上面。而到了 2000 年代中期，巴西的经济发展态势良好，我们有了很大的余地。并且，卢拉的政府承诺不会用公款去建造世界杯体育场。他还承诺说，要利用世界杯这个契机，为巴西建造更多的公路、公共交通设施和机场，而这些项目已经被推迟了太多年。所以，这时申办世界杯似乎是很合适的，当我得知巴西获得了 2014 年世界杯的主办权时，我非常高兴。此外，里约还获得了 2016 年夏季奥运会的主办权，我是既高兴又自豪。

可惜的是，事情的进展并不尽如人意。原先设想的由私营银行为场馆建设提供资金的计划泡了汤，只好动用公共资金；很多大型基础设施建设项目要么被取消，要么被推迟，而体育场馆建设要么逾期要么超了预算。我想，我本应比其他人更早预知到这种情况。说实话，如果某个场馆的预算是 1 亿美元，他们绝不会只花 9000 万，然后对你说："这是剩下的钱，你都拿回去吧。"在巴西尤其如此，在巴西的足球圈里更是如此。

2013年年中，“联合会杯”[1]在巴西举行，在此期间，很多失望的巴西人举行了多次街头抗议游行。很多人对公款被用于建设体育场馆而非用在医院、学校等公共设施上感到愤怒。一位巴西抗议者甚至高举这样一个标语牌：日本，用我们的足球换你们的教育行吗？

作为数年前认为巴西资金不足而反对它承办世界杯的“异端分子”，我支持抗议者的大部分观点。巴西令人烦恼不安的事情太多，而我最担心的是政治因素会对足球产生影响，作为一名球员，我曾见过太多类似事件，而这种事常常令我伤心。比如说，有许多人在网上发起倡议，让大家在现场观看联合会杯时，在国歌奏起的时候背过身去。还好，比赛按计划进行，顺利结束，巴西甚至还夺得了此届联合会杯的冠军，球迷都非常高兴。

我认为2014年世界杯一定很不错——也许后勤方面会有点不遂人意，但一定会很有乐趣。球场内会挤满热情的球迷，海滩是完美无瑕的，酒水饮料应有尽有……巴西是狂欢和聚会的行家，我们的足球传统举世无匹。巴西人民以好客闻名世界，我们热切期盼30万访客的到来。这届巴西国家队有些优秀的球员，我坚信，巴西，巴西足球，一定能赢得

1 联合会杯，前身为洲际杯足球赛，于1991年由亚洲、非洲、南美和北美加勒比地区足联提议发起，现由国际足联主办，之前为2年举行一届，2005年改为每4年一届，被称为小型世界杯，国际足联将联合会杯定义为仅次于世界杯的国际赛事，同时也是一项多功能赛事，一方面给各大洲冠军提供对决的平台，另一方面也可以借此机会来考察举办国场地、交通、协调等方面的各种状况。

全世界新一代球迷的心。

要是决赛是在马拉卡纳球场、对阵的双方是巴西和乌拉圭……天哪，我不敢想了。我会紧张得不敢去看球赛。那时我就跟母亲一起到教堂祈祷去。

8

在我桑托斯办公室里的墙上，挂着一张父亲的照片，照片上，他位于中间，我跟儿子分列他的两侧，我们俩同时亲吻着父亲的脸颊。每当看到这张照片，我就会想起以前那些快乐的时光：在瓜鲁雅市[1]家里的后院里，我跟儿子有时候会踢球玩，而父亲则坐在一边看。他往往是很久不说话，然后突然喊道："哎！用脚外侧啊！"最后，他自己也忍不住了，就站起身来，笑着对我们说道："来，孩子们，把球传过来！你们知道，我在足球上也是有点经验的！"

就这样，纳西门托家族的老少三代，一边踢着球，一边快乐地欢笑。再没有什么能让我如此高兴了。1997 年，父亲因心脏病去世。从那时起，足球带给我的快乐就少了很多，我每天都思念他。

1　巴西东南部城市，属圣保罗州，距离桑托斯 10 公里。

父亲去世后，母亲在整理遗物时找到了我的一只旧球鞋——这可是巴鲁时代的超级装备啊。我的眼珠都快跳出来了，我以为这些东西50年前就丢了，真不知道母亲是怎么保管下来的。我解开鞋带，一些钱冒了出来——400里斯。在我这一生中，由于种种金融问题，巴西已经换过七八次货币，这些钱到底价值多少我已无从得知；但我觉得，在上世纪50年代这不是一笔小数，对我们当时贫穷的家庭来说更是如此。

“这是什么？”我问道。

“是你第一次给家里挣的钱，”母亲柔声说道，“我一直留着呢，因为你挣钱不容易。”

嗯，大家已经知道了我的性格，估计也猜到我听到这些话是什么反应了。对母亲和我来说，那真是一个感伤的时刻。这些钱让我想起了自己这一生是多么的幸运。上帝赐给我特殊的足球天赋，我很幸运，利用这种天赋并从中得到快乐。我不仅自己过得很好，还帮助了很多亲人。

现在，我的人生已经进入了第80个年头，我想把节奏放缓一点了，我要给埃德森多留一点时间。在巴西桑托斯的家里，我在后院开了一块园子，在里面种了些草药、羽衣甘蓝、小葱和蔬菜。我经常在那里一待就是好几个小时，拔拔草、浇浇园子。就只有我，还有我的思绪，再没有别的干扰；我把这个园子戏称为我的“心理治疗师”。

即使是在园子里，在这片安静、温暖的绿色包围之下，也有我以往人生的记忆。上世纪70年代末，我去泰国参加比赛，在那里吃到一种美味的水果——荔枝。荔枝是东南亚地区的土特产，这小东西太好吃了——红色多刺的外壳里面，全是甜美的汁水。当时巴西没有荔枝，于是我就决定偷点种子回家。我把种子藏在鞋子里，过海关的时候，我的心跳得很厉害。还好他们没搜查出来，我就把这些种子种在了后院里。现在，荔枝树已经长得很高了，每年都结果。这么多年过去了，巴西对外界的开放程度变大了，现在，在圣保罗等地的餐馆和酒吧里随处可以吃到荔枝。但每次看到这些荔枝树，我都会想起曾经四处奔波比赛的经历，还会想到世界的巨变。

事实上，我并不是过着远离尘世的生活。我仍然四处奔波，为联合国儿童基金会等组织工作，还作为大使去推广足球运动。在“传奇10号”的帮助下，我的生意也发展得不错。“传奇10号”的英文名是“Legends 10”，是一家代理公司，他们负责管理我在全世界的品牌和形象，跟我合作开展项目，旨在为后代留下一些财富。我很感激，因为人们对我的兴趣尚未消失，所以，我就尽己所能迎合他们的需求，尤其是让孩子们感到快乐。

令我牵肠挂肚的还有一些事情。其中之一就是上世纪五六十年代国家队队友们的福祉。他们有些人现在健康状况很不好，身体有伤，经济拮据。加林查晚年时病得很重，又破了产，我们对他的遭遇都深感痛心。我们一些老队友在马拉卡纳球场为他举行了几次慈善赛，或者直接给他一些钱，但他总是拒绝我们的好意，说他没事。我想，对那些奋斗了一生、曾经站在世界之巅的人来说，朋友的施舍是件很难接受的事。于是我们就努力游说政府，让他们出台一些政策，给那些夺取冠军的功臣提供一点经济上的补助，以此作为他们的回报。

现在我还常常跟国家队、桑托斯俱乐部的一些老队友见面。过去 30 年里，有几个人——佩佩、济托、科蒂尼奥、我——每两周就一起到桑托斯的海湾那边聚一聚，雷打不动。我们在一起很快乐。城里有两三家餐馆，每隔一阵我们就聚在一起吃顿饭，为我们当中的某个人过生日。能维持这些友谊真的很好。而另一方面，1958 年国家队里的一些队友渐次离世。就在去年，2013 年，德扎马·桑托斯、尼尔顿·德索尔迪还有吉尔马（决赛中战胜瑞典获得冠军之后把我架在肩上的好队友）都相继离开了我们，享年 84、82、83 岁。他们生活得很好，长寿而终。死亡是人生的一部分，每个人都会经历到；但我真的很想念他们。

现在，我们正在桑托斯筹建一个贝利展览馆。很多人都给了我们赞助，其中就包括巴西著名设计师奥斯卡·尼迈耶，在他以 104 岁高龄仙逝之前，还为展馆外的方尖塔设计了图纸。

我最大的快乐还是来自家人，一直以来都是如此。我的几个孩子都令我感到骄傲。凯丽·克里斯蒂娜住在纽约，已经有了 4 个孩子。埃迪尼奥在桑托斯俱乐部管理层工作。詹妮弗拿到了哲学学位，现在是一名翻译。弗莱维娅是一个理疗师，最近我做了一个臀部手术，她帮助我康复。桑德拉是桑托斯市的议员，却不幸因癌症去世，身后有两个孩子，他们都已经10多岁了，现在为桑托斯近郊的一支球队效力。二婚妻子所生的龙凤胎——约书亚和塞莱斯特（跟我母亲是同一个名字）也都10多岁了。塞莱斯特跟她妈妈住在美国佛罗里达，约书亚为桑托斯青年队效力。我告诉他——我对所有孩子都是这么说的——不用逼着自己去走我的老路或者出名。地球上的每个人，包括我的孩子们，他们都有各自的天赋，在这个世界上总有自己的一席之地。如果他们的天赋能做到出类拔萃、能让自己和他人得到幸福和快乐，那就是件很了不起的事；达不到这样的高度也不要紧，只要能找到自己的一技之长，就能活得很好。

因为我曾目睹过名气的转瞬即逝。在我的办公室里还有张照片，照片拍摄于1958年世界杯夺冠之后，17岁的我跟一位身穿西服的英俊男子握手。这张照片的旁边还有很多照片，都是我跟教皇、总统等世界名人的合影。每个来到办公室的人都会问我："穿西服的这个人是谁？"我常常会笑起来。那是瑞典的国王——古斯塔夫国王。那时他是世界杯主办国的元首，是全世界瞩目的焦点。仅仅过了半个世纪，大多数人就都不认识他了。这是一个宝贵的道理。

回头想想，名气和金钱并不重要。我心里知道的是，足球对我有好处，对世界也有好处。足球让一个穷人家的小男孩有了目标，还展示给他世界各地的奇迹；足球给他带来一生的友谊，还留下了与亲人共处的宝贵回忆。在我的一生中，我目睹过足球是怎样让人们凝聚在一起，还让他们对周围世界有了更好的感知。一遍又一遍，不论是在场上还是场下，我亲眼见到足球改变了无数人的生活。对我而言，足球无与伦比的魅力就在于此。

⚽致谢

贝利及布莱恩·温特在此要向以下诸人表示感谢：雷·加西亚、珍·舒斯特及企鹅出版集团 Celebra 公司的全体同仁，感谢他们的独到眼光、辛苦工作和支持。“传奇 10 号”公司的保罗·金士利、克里斯·弗兰纳里、特西萨·德兰等人；还有切尔索·葛雷来、乔斯·“佩皮托”·佛诺斯·罗德里格斯、帕特里夏·弗朗哥、雅伊尔·阿兰特斯·多·纳西门托、安德鲁·道尼、迈克尔·克里特、以斯拉·菲兹、杰罗姆·尚帕涅、艾丽卡·温特、索尔·哈德森、托德·班森、基兰·莫里、摩西斯·纳艾米、米切尔一家、肯尼斯·蒲柏、恒德一家。最后，谨以此书纪念凯瑟琳·温特。

贝利亲笔自传，国内唯一授权。